股权战略：

企业高效融资管理全案

段文琦◎著

中国商业出版社

图书在版编目（CIP）数据

股权战略：企业高效融资管理全案 / 段文琦著 . -- 北京：中国商业出版社，2022.2

ISBN 978-7-5208-1983-1

Ⅰ. ①股… Ⅱ. ①段…… Ⅲ. ①企业管理 – 股权管理 – 案例 Ⅳ. ① F272

中国版本图书馆 CIP 数据核字（2021）第 248478 号

责任编辑：滕　耘

中国商业出版社出版发行
（www.zgsycb.com　100053　北京广安门内报国寺 1 号）
总编室：010-63180647　编辑室：010-83118925
发行部：010-83120835/8286
新华书店经销
三河市龙大印装有限公司印刷
*
710 毫米 ×1000 毫米　16 开　14.5 印张　180 千字
2022 年 2 月第 1 版　2022 年 2 月第 1 次印刷
定价：58.00 元
* * * *

前言

PREFACE

很多人在创业或者经营公司时会把商业模式、营销策略等方面看得非常重要。但是，随着创业越来越火爆，再加上创业路上合伙经营公司的好搭档越来越多，股权战略的关键性就越发凸显出来。不过可惜的是，很多时候大家对股权战略还没有足够深刻的认识，不知道如何与合伙人分配股权，从而失去了对公司的控制权，导致创业之路走向失败。所以，大家有必要将股权分配提升到战略高度，学习与之相关的方法和技巧，积极创新自己的股权体系。

从成立公司，到经营公司、引入合伙人和投资者，再到传承公司，都与股权息息相关。股权贯穿了公司的整个运转过程，对公司的发展和进步起着非常重要的作用。如果大家对股权的认知还停留在分红、控制公司、投票权等方面，不知道股权还有制衡合伙人、激励员工、吸引投资者的功能，不了解股权可以影响到公司的生死存亡，那就真的太遗憾了。

不重视股权战略的创业者失去的是保护自己、传承公司的法宝。所以，时至今日，把股权战略作为公司的核心竞争力看待，是大家必须转变的理念。

优秀的股权战略可以吸引和留住优秀的合伙人，因为他们往往非常在意公司的股权设计是否合理、自己的未来回报将会如何。从这个角度看，企业必须积极部署股权战略，制定科学的合伙机制。这样不仅可以保证合伙人和创业者的利益，还可以稳定公司的发展秩序。

在股权战略中，员工激励是一个重要环节。与一些股东不同，员工往往会深度参与公司运营，是创业者的得力助手。如果大家没有关注员工的感受，不为其提供足够有吸引力的福利，那么他们很可能离开公司，从而影响公司的正常运转。因此，创业者要拿出一部分股权作为激励员工的动力，促使他们努力工作，更好地为公司作贡献。

融资在股权战略中起着十分重要的作用。融资有不同的方式，公司使用的方式不同，面临的风险也不同。用股权融资是让经济实力雄厚的投资者为公司投资，成为公司的股东，帮助创业者创业。这种方式一般情况下风险较低也较为普遍，获得持续融资的创业者创业成功的概率也会比较高。当然，要让这种方式发挥作用，前提是创业者要懂得如何分配股权，以及怎样制定完善的融资策略。

本书以合伙机制、员工激励、融资全案为切入点，融入了作者多年来对股权战略的研究与思考，可以让读者获得有价值的参考。同时，本书还为读者提供了一些有代表性的案例，希望让读者尽快了解股权战略，更轻松地学习相关知识和技巧。

由于笔者个人水平所限，书中疏漏之处，请读者批评指正。

目录
CONTENTS

上篇　合伙机制

中篇　员工激励

下篇　融资全案

上篇　合伙机制

SHANGPIAN　HEHUO JIZHI

第 1 章

股权设计：建立基础架构，把握变量

一个优秀的股权设计方案要既能让合伙人合理参与决策，又能保证创业者的绝对领导地位。本章主要探讨股权设计的原则以及在实施过程中可能出现的浮动因素，以便让创业者在分配股权之前能够做好准备，规避风险。

1.1 基本设计原则

股权对于一个公司来说有着举足轻重的作用，一个科学的股权设计不仅要保障创业者的控制权、合伙人的话语权、投资者的优先权，还要让员工能分享公司的收益。让公司的每一个人“付出多少，回报多少”是进行股权设计时需要遵守的一个最重要的原则。

1.1.1 按贡献分配，而不是按资历分配

现在的公司大部分按出资的多少来分配股权，这也是《中华人

民共和国公司法》（以下简称《公司法》）中明确规定的，但是这样的分配方式没有体现贡献度的合理价值。

例如，A、B、C 三人合伙开公司，A 出资 50 万元，占股 50%；B 出资 30 万元，占股 30%；C 出资 20 万元，占股 20%。

一年后，B 提出离职，但希望保留股权，原因是公司没有规定合伙人在离职后必须退股。这样就出现了一个问题，A、C 继续经营公司，显然是对公司的发展作出了巨大的贡献。然而 B 只是出资 30 万元，没有参与公司后续的任何经营，却占了 30% 的股权，这对 A 和 C 来说是不公平的。

对此，最合理的解决方法就是谁创造价值，谁分配利益，既要对钱定价，也要对人定价。资金只占投资者全部股权的一部分，而剩下的部分应该分配给作出贡献的人。

以上述案例为例，按照公司的整体估值，资金占股的比例应该控制在 30%—70% 之间，余下的份额可以对作出贡献的人进行激励。

按照这样的分配方法，B 即使在一年后离职，也只能保留一部分股权，并不能对公司造成很大的影响。

现在是知识经济的时代，大多数公司都是轻资产的技术驱动型而不是资金、资源驱动型。以下面这两家公司股权现状为例，如表 1–1 所示。

表 1–1　腾讯、苹果股权现状

公司名称	启动资金	市值	1% 股权投资价格
腾讯	50 万元人民币	1569 亿美元	15.69 亿美元
苹果	1250 万美元	6653 亿美元	66.53 亿美元

很显然，为上述这两家公司创造价值的并不是早期投入的资金，

而是整个团队研发出的核心技术。虽然技术在公司的发展中有举足轻重的作用，但也不能忽视对技术类股权的限制。

试想，一个重要的合伙人突然要离职，而公司的融资可能无法按照市值回购股权，这样就使得公司现金流压力很大，可能面临资金链断裂的风险。

面对这样的情况，最好的办法就是让合伙人拿限制性股权，这样的好处就是可以让合伙人的股权分期成熟，分期兑换。常见的股权成熟和兑换机制有四种。

（1）分四年成熟，每年成熟股权的 1/4。

（2）第一年成熟股权的 10%，第二年成熟股权的 20%，第三年成熟股权的 30%，第四年成熟股权的 40%，逐年递增。

（3）全职满两年成熟股权的 50%，第三年成熟股权的 75%，第四年成熟股权的 100%。

（4）国外常见：分五年成熟，干满一年成熟股权的 1/5，剩下的每月成熟股权的 1/48。

按照这样的模式，如果中途有合伙人离职，引发股权收购问题，对于还没有成熟的股权，公司可以用原价进行回购；对于已经成熟的股权，公司可以根据实际情况选择回购或者不回购。这样既保证了合伙人不会轻易离职，也可以在一定程度上缓解公司的资金压力。

1.1.2 投入要素的价值是股权分配的基础

公司成立初期，合伙人有的提供资金，有的提供技术支持，有的提供场地设备，有的提供销售渠道，有的提供融资资源，这些都是对公司的贡献，然而它们的性质各有不同，很难衡量哪一个更大。不过，如果股权分配标准不明晰，很容易成为日后矛盾爆发的导火索。

迈克·莫邪在《切蛋糕——创业公司如何确立动态股权分配机制》一书中首先写道："将创始人在创业项目中的贡献按照市场价值估值，然后算出所有创始人贡献的总估值，折算各个创始人贡献估值占总估值的比例，就是各创始人应该持有的股权比例。"

理论上来说，合伙人对公司的投入与公司对其的回报应该是对等的，但公司往往还要为未来的发展储备足够资金，所以给不了合伙人足够的回报。在这种情况下，那些该给而没有给的部分就成为合伙人对公司的"投资"。

例如，某合伙人为公司提供了销售渠道，按照行情，他的工资应该是 2 万元 / 月，但公司只支付了 0.5 万元。也就是说，还剩 1.5 万元是他应得的。理所当然，这 1.5 万元就是他对公司的净投入，也就是他对公司的"投资"。

而合伙人在公司的股权比例，则可以按照他在公司的净投入的多少来分配。因此，这种股权分配方法最主要的一个环节，就是估算各种投入要素的价值。一般来说，投入要素可以分为以下几种。

1. 工作时间

工作时间上的投入是合伙人对公司最明显的一个贡献。通常是按照市场上的工资标准来折算。例如，以这个合伙人目前拥有的学历和经验技术，在类似的工作岗位上，其他公司会为他开出的工资是多少，这个工资数目就是他的时间价格。

另外要注意，如果公司为合伙人开出的工资符合他的时间价格，那么他对于公司就是没有贡献，只是一个打工者而已。从另一个角度看，如果合伙人拥有的股权价值大于他在其他公司打工的标准，那么他很可能长期留在公司工作，也一定程度上避免了合伙人意外离职的风险。

2. 投入现金和实物

对于前景不明朗的初创公司，很少有投资者愿意为其投资。可见，这个阶段的现金投资对于初创公司的发展壮大有着非凡的意义。

另外，合伙人向公司提供实物资产，通常可以等同为现金投资。因为实物是通过现金购买来的，是现金的一种具体形态。对于这样的实物资产，要注意以下两种情况。

（1）公司主营业务所必需的核心资产。比如，互联网公司的网站服务器等。

（2）专门为公司的经营而特意获取的。比如，专门为公司经营而购买的电脑、办公桌、办公用品等。

3. 办公场地

办公场地通常是一个公司运营必不可少的条件，合伙人向公司提供免费的办公场地，实际上是向公司提供了租赁场地的资金。所以，公司省下的这部分租金就是合伙人对公司的投资。另外，并不是所有场地都能算作对公司的价值，要符合下面的两种条件。

（1）超出需要的场地，对公司没有价值。比如，公司只需要 200 平方米的办公室，合伙人却提供了 500 平方米。那么多出的 300 平方米，对公司就没有任何价值。

（2）本来就不能为合伙人创造价值的场地，不能算作合伙人对公司的价值。如果这个场地，本来就没有为合伙人带来现金收益，那么这个场地也不能折算价值。因为合伙人把它提供给公司，没有为合伙人带来利益。

4. 专用技术或知识产权

一个公司的核心技术是其运转的根本，合伙人向公司提供的专用技术、知识产权的市场价值，也是合伙人对公司的投资。如果合伙人不愿意把知识产权转入公司，只授权公司使用，那么就可以将公司没有支付的知识产权许可使用费计入合伙人对公司贡献的价值。

5. 人脉资源

为促进公司发展，有时候公司需要一些特定的人脉资源。有些合伙人可以为公司建立这样的联系，打通销售渠道或者帮助公司顺利融资。

如果这种人脉资源为公司带来销售收入，公司可以按市场行情，将没有支付给合伙人的销售提成计入对公司的贡献价值。相应地，如果是帮公司融资，公司应该按财务顾问的市场行情，将没有支付给合伙人的佣金，折算成对公司贡献的价值。

总之，合伙人为公司提供的任何资源，都必须是公司非常需要的，才能成为对公司的有效价值。公司创业者在分配股权时，要首先考虑这一点，然后通过估值综合考量合伙人的投入对于公司的具体价值，通过这个具体价值来分配股权。

1.1.3 重点关注投入要素的价值变化

随着公司的发展，合伙人对公司投入要素的价值会因所处阶段的不同而呈现不同的价值。如公司创业初期所需要的要素主要有资金、场地、销售渠道等。而当公司发展至后期，往往需要核心技术帮助其提高竞争力，以获得更大的发展。而这一时期资金和销售渠道等已经稳定的要素对公司来说就没有太大的价值了。

合伙人的投入要素处于变动之中，其获得的股权也会随之而变动。这个问题可以用下面的两种方法来解决。

1. 预估法

在公司初创时，要对每一位合伙人的投入要素进行预估（包括其付出的时间要素），并将这个结果作为股权设计的重要依据。

例如，A、B、C 三人共同创业，A 负责领导公司发展，B 负责公司内的事务性工作，C 负责出资。按照市场行情，A 的时间价格为年薪 42 万元左右，B 的时间价格为年薪 18 万元左右。而在创业初期，公司没有其他的资金来源，所以对 C 出资的 20 万元翻倍后进行估值。

由此计算，第一年在不拿任何工资的情况下，三人的投入要素估算价值分别是：A42 万元、B18 万元、C40 万元。也就是说，在总值为 100 万元的情况下，三人分别占据了 42%、18%、40% 的股权。

2. 定期评估法

定期评估法是需要对合伙人的投入要素进行定期的汇总，然后对其在这一时间段内的投入进行估值，再得出这一时间段内的股权设置依据。这种方法虽然麻烦，但比较符合合伙人动态的投入方式。

仍然以上述案例为例，其他条件不变，只将 A、B 的年薪分别换算成 3.5 万元和 1.5 万元的月薪。然后每隔一个时间段按照合伙人投入的现有价值来计算其分得的股权。

在A、B、C都不拿工资的情况下，A第一个月为公司投入3.5万元，B投入1.5万元。公司这一个月的运作成本为2万元，由C出资，翻倍之后估值4万元。也就是说，这一个月的总投入为9万元，A、B、C则分别占据了38.9%、16.7%和44.4%的股权。

依次类推，在每个月月底都按照这种方法将A、B、C三人的投入进行累计计算，得出其应占股权的比例。当然，评估的周期可以根据公司的实际情况自行决定。

虽然公司具体的股权结构呈现动态变化，但是随着公司不断对各方投入进行估值，到了后期，这一动态变化幅度就会逐渐趋于稳定。

还是上述的例子，在第一个月时，总投入的估值只有9万元，A投入的3.5万元可以带来38.9%的股权。而到了11月底，总投入的估值达到了99万元。就算下一个月内B、C不做任何投入，只有A继续投入，那么在12月底，A也就只能增加3.4%的股权。何况B、C还会继续投入，A实际增加的股权只会更少。

如此看来，公司的股权结构经过一段时间的变动，越到后期就会变得越稳定，合伙人的投入不会再对其造成影响。定期评估也可以告一段落，公司则可以得出一个相对稳定的股权比例。此外，必须要注意的是，公司在获准融资之前一定要确定股权结构，否则会影响到投资者对公司团队的评定，甚至会影响融资结果。

1.2 何时需要调整股权设计

在发展过程中，公司很可能会出现诸如增资、前期投入要素价值、新合伙人加入、老合伙人退出等浮动因素。所以，股权设计方案并不是一成不变的，随着这些浮动因素的出现，原先的股权分配比例也要随之发生改变。

1.2.1 增资扩股

随着公司的经营规模扩大、业务范围拓宽，公司可能会依法增加注册资本来提高公司的资信程度，这就是所谓的增资。增资除了可以筹集更多的经营资金外，还可以保持现有运营资金，减少股东收益分配，调整股东结构和持股比例，提高公司信用，有利于其获得法定资质，从而让公司获得更高的利益。

增资扩股后，不管是有新的合伙人加入还是原有的合伙人追加投资，公司的注册资本都必然发生变化。所以会稀释掉原有股东的收益分配，公司也就要面临着重新设计股权。那么如何分配原有合伙人的股权，才能让新加入的合伙人和原有的合伙人保持平衡？具体的股权稀释方法可以按以下公式计算。

合伙人稀释后股权 =（合伙人原股权比例 × 注册资本 + 合伙人本次注资）÷ 新的注册资本

例如，A、B、C 三人投资设立一个公司，公司注册资本 300 万元，A、B、C 三人各出 100 万元。一年后因要扩大经营规模，公司希望 A、B、C 三位合伙人可以增资到 1000 万元，这时候 A、B 表示愿意追加投资，但 C 不愿意追加投资了。

这时候就需要公司重新计算这三个人各自所占的股权。A 和 B 继续追加投资所占的股权会因此变多，而 C 不再继续投资，那么 C 原有的股权就会被稀释掉，从而减少。

根据《公司法》第三十四条的规定：“公司新增资本时，股东有权优先按照实缴的出资比例认缴出资。但是，全体股东约定不按照出资比例分取红利或者不按照出资比例优先认缴出资的除外。”因此，根据规定，公司在增资的时候，可以按出资比例或全体股东约定来调整股权分配。

在上述案例中，公司可以召开股东会就增资事宜进行约定，如C仍不愿意追加投资，应视为C对增资优先权的放弃，A、B愿意增资，则A、B可根据原先的出资比例，按1∶1进行增资，即A、B双方各增资350万元。

增资后，公司注册资本变更为1000万元，其中A出资450万元，B出资450万元，C出资100万元，重新计算后得出，A占股45%，B占股45%，C占股10%。

1.2.2 合伙人的贡献出现变化

合伙人对于公司的贡献体现其对于公司的价值，而这个价值就是分配股权的基础。公司在建立初期，合伙人的有些贡献对公司来说会产生巨大的价值，而随着公司的进一步发展这些贡献对于公司的价值逐渐减小，而另一部分贡献对公司的价值又会逐渐增大。

例如，公司成立初期，资金是重中之重，所以合伙人为公司投入的资金常会翻倍进行估值，计入股权分配比例。而到了公司发展的后期，公司的营收状况已趋于平稳，现金周转已不像初期那样困难。相应地，这个时候公司想要扩大经营规模，增强核心竞争力，如何开发核心技术、营造品牌效应，这些才是公司在这个时候最关心的问题。

因此，在这个时候提供这些贡献的合伙人，公司就需要按照他们贡献的价值重新分配股权，将原有其他合伙人的股权稀释，给在这一时期贡献特别突出的员工股权奖励或者增加他们的股权。

例如，A、B、C 三人合开了一家网上商城，A 和 B 分别投资 60 万元和 40 万元，C 是因为有电商工作经验和网页设计的才能，以技术合伙人的身份入股。成立初期，三人按投入的资金来分配股权，A 占股 60%，B 占股 40%，C 不占股，只拿绩效奖金。

一年后，网上商城运转良好，而且获得了很好的成绩，网上商城想要维持现有的经营水准并且希望拓展业务领域，而这些都需要 C 在管理和技术上的支持。经 A 和 B 讨论后决定给 C10% 的股权奖励。于是新的股权设计方案具体如下。

A 的股权 60%×（1–10%）=54%

B 的股权 40%×（1–10%）=36%

C 的股权 10%

以上案例充分说明了在公司发展后期，因公司对于技术和管理的进一步需要，C 的贡献比例明显加大，所以为了留住 C 继续为公司工作，公司经过调整后将 10% 的股权分配给了 C。

1.2.3 新合伙人加入

公司在发展到一定规模后可能会有新的合伙人加入，这些新合伙人为公司投入一定的资金或价值，也应该按照规定享有一定比例的股权。这时候公司就需要废除原有的股权分配方案，重新计算估值，设计新的股权分配方案。

新合伙人的加入导致原有的股权分配方案被废除，新方案建立后，合伙人在损益分配、剩余财产分配和对公司的管理权方面均发生了变化，所以新的股权分配方案必须征得其他合伙人同意。另外，对于之前公司所负的债务，新合伙人也与其他合伙人一样需负无限连带责任，或有限责任，这一点需在新合伙协议中明确。

新合伙人有以下两种加入方式。

1. 从原合伙人手中取得部分或全部股权

这种方式是指在原合伙人全体同意后，新合伙人从一个或几个合伙人手中购买他们一部分或全部股权。这种入伙方式，公司原有资本总额和净资产不会发生改变，所以只需要计算部分合伙人的股权变化即可，无须调整资产和负债重新计算估值。

2. 投入资本

这种方式是指在原合伙人全体同意后，新合伙人向公司投入银行存款或其他资产，加入公司，从而使得公司的资产和权益均有所增加。由于公司之前已经营过一段时间，各项资产的实际价值已有所变动。为避免分配不均，在新合伙人加入时，需对公司之前的资产、负债进行确认和评估，通常评估的结果有以下三种。

（1）公司之前的净资产的账面价值等于其公允价值。

（2）公司之前的净资产的账面价值小于其公允价值，说明公司的资产在升值。

（3）公司之前的净资产的账面价值大于其公允价值，说明公司的资产在贬值。

《中华人民共和国合伙企业法》（以下简称《合伙企业法》）第四十四条规定："新合伙人入伙时，应当经全体合伙人同意，并依法订立书面入伙协议。订立入伙协议时，原合伙人应当向新合伙人告知原合伙企业的经营状况和财务状况。”

这里的新合伙人是指加入公司的第三人。由于合伙关系本质上要求合伙人之间相互信赖，它不单是一种资金的联合，也是人的联合。原有的合伙人对新加入的合伙人主观上并不了解，很容易缺乏这种信任感，导致日后在合作上出现各种矛盾，所以需要公司制定一套合理的新合伙人入伙程序，以确保双方的利益不受损害。

（1）新合伙人加入，除合伙协议另有约定外，应当经全体合伙人一致同意，并依法订立书面入伙协议。

（2）订立入伙协议时，原合伙人应当向新合伙人如实告知公司之前的经营状况和财务状况。

（3）入伙的新合伙人与原合伙人享有同等权利，承担同等责任。入伙协议另有约定的，从其约定。

（4）新合伙人对入伙前公司的债务承担无限连带责任。

综上所述，这四条入伙程序不仅符合《合伙企业法》第四十四条的处理方式，而且也保证了新合伙人与原合伙人双方的利益不受侵害。

1.2.4 原合伙人中途退出

合伙人的合伙关系并不是一成不变的，在公司发展的过程中，有新合伙人的加入，自然就有原合伙人的退出。合伙人中途退出时，如何处置股权，就成了公司要面临的一个重大的问题。不少公司对此都没有一个明确的概念，没有建立完善的合伙人退出机制，经常出现合伙人与公司“兵戎相见”的局面，从而给后续的公司运营带来很大麻烦。

例如，某个合伙人在公司成立初期出资 50 万元，拥有公司 30% 的股权。后来，该合伙人因为个人原因，要从公司离职，却明确表示不同意退股，理由是相关法律和公司章程都没有规定股东离职必须退股，股东之间也没就退出机制签署过任何其他协议。

而其他合伙人则认为如果该合伙人不退回股权是不合理的。因为该合伙人不会再参与公司后续的任何经营，也不会再为公司贡献其他价值，却拥有 30% 的股权，这样无形之中就损害了其他合伙人的利益，使他们原本可获得的分成减少了。但由于事先没有建立合伙人的退出机制，公司一时也没有办法回购退出合伙人的股权。

在这个案例中，这家公司明显陷入了一个比较被动的境地。合伙人获取股权，是基于其看好公司的发展前景，愿意在一起创造更多的价值。

股权的核心价值在于合伙人与公司长期绑定，通过长期的共同努力去创造更大的利益，再按照当初分配的股权也就是投入比例进行分成。随着公司的经营效益变好，股权的价格也会逐渐上涨。

如果不建立退出机制，中途退出的合伙人带走股权就是合理、合法的，这样做虽然对退出合伙人公平，但对其他长期参与公司经营的合伙人却很不公平。所以，针对合伙人可能退出的情形，提前建立预警性的退出机制是非常有必要的。

在公司创立初期，合伙人的股权按资金股与人力股划分，以 2∶8 的比例计入总股权，这样人力股在合伙人持有的总股权中就占有较大的比例。但人力股也不能一次性交付给合伙人，人力股要和服务期限或是核心业绩指标挂钩，如果合伙人未达标，则其股权应当按约定政策处置。比如，在一定期限内，约定股权由创始股东代持。

如果合伙人离职，离职合伙人可以兑现资金股和已经成熟的人力股。公司或其他合伙人有权溢价回购离职合伙人未成熟股权，其已经成熟的股权，在双方协商后也可以回购。对于离职不退股的行为，如果公司不希望诉诸法律，可以约定高额的违约金，以约束各位合伙人。

在公司成立初期，合伙人之间应该首先就退出机制做一个充分合理的沟通，做好团队的预期管理，然后再进行下一步的经营计划。此外，在回购退出合伙人股权时，公司应遵循以下两个原则。

1. 承认合伙人的贡献

合伙人虽然退出了公司的经营，但其曾经在公司发展的某个阶段里作出的重要贡献是无法抹去的。公司可以收回全部或部分股权，但也必须承认合伙人的历史贡献，按照一定溢价或折价回购股权。这一点不仅关乎合伙人能否顺利退出，也与公司形象的塑造相关。

2. 回购价格的确定

确定退出合伙人的股权回购价格，要考虑两个因素：一是退出价格基数，二是溢价或折价倍数。比如，公司可以按照退出合伙人出资购买股权的价格以一定溢价回购，或退出合伙人按其持股比例可参与公司分配的净资产或净利润的一定溢价，也可以按照公司最新一轮融资估值的一定折扣价回购。

公司对于股权的设计并不能只是按照出资多少来分配，应该遵循“贡献大，回报多”的原则综合考量合伙人的贡献度，来具体分配股权。另外，公司也要根据可能发生的变动因素做好预案，以便修改股权分配方案。

第 2 章

股权类型及设置方法：明确类型，设计最优方案

根据合伙人对公司投入要素的不同，股权可以分为多种类型。公司在进行股权设计时，根据不同的股权类型，需要分别计算合伙人拥有的股权比例。本章分别介绍了四种不同的股权，以及各种股权的计算步骤，让公司在进行股权设计时能平衡每一个合伙人的投资和回报比例。另外，针对股权设计常出现的争议问题，本章也提出了处理方法。

2.1　四种常见的股权

根据合伙人的投入要素不同，可以将股权分为不同的类型。不同类型的股权对应着不同的计算方式，在合伙人的总股权中所占比例也不尽相同。

2.1.1 出资股：以资金入股

出资股一般指的是合伙人因为公司投入资金而获得的股权，这种股权的获取方式比较简单，是按合伙人出资数额的多少，以比例折合成出资股分配给合伙人。在公司成立初期，合伙人为公司投入资金，一般都是直接获得出资股，然后再按股权成熟机制获得人力股。

对于初创公司来说，资金比其他要素更为重要，因为毕竟资金不能无中生有，而技术和管理经验可以后天逐渐学习。有些公司为了突出这一时期出资合伙人的重要性，常把合伙人所出的金额翻倍计入股权。

“均等投资，均等收益”是合伙创办公司的一种理想状态。股权是合伙人在公司话语权的一种象征，如何分配股权应该考察多方面因素，前期的投资固然重要，但出资股不应该占合伙人所有股权的大部分比重，具体还要看合伙人对公司的贡献度。

虽然在过去，如果公司注册资金是 100 万元，合伙人出资 70 万元，即便不参与管理，也应该占股 70%。但在互联网时代，大多数公司都走轻资产道路，人才逐渐成为最大变量，所以“出大钱，占大股”的情况已逐渐成为过去式。能让公司增值的“点子”才是公司最需要的，所以现今多是“出大钱，占小股”的投资者，也就是风险投资者。

2.1.2 技术股：以技术入股

技术股是指合伙人将专利技术、非专利技术等折算成资金投入公司而获得的股权。

核心技术虽对公司的发展有着举足轻重的作用，但为了维持各类合伙人之间的平衡，还是要控制技术股的分配比例的。技术股从不同的方面有不同的分类方法，如表 2-1 所示。

表 2-1　技术股的分类方法

<table>
<tr><td>股权所有人不同</td><td colspan="2">法人股</td><td colspan="2">自然人股</td></tr>
<tr><td>股权拥有的权益不同</td><td colspan="2">所有权股</td><td colspan="2">分红权股</td></tr>
<tr><td>股权分配权限不同</td><td>干股</td><td colspan="2">分红回填股</td><td>分红股</td></tr>
</table>

上述提到的不同分类方法下的技术股，都有各自的特点和注意事项。

1. 法人股

法人股是由企事业单位法人拥有的技术股。

2. 自然人股

自然人股是由个人拥有的技术股。

3. 所有权股

所有权股是拥有该技术股的所有权益，包括所有权和分红权。所有人可以将技术股转让、馈赠等。

4. 分红权股

分红权股是只拥有该技术股的分红权，没有所有权。所有人无权将技术股转让。

5. 干股

干股是由拥有技术的法人或自然人直接将技术折算成价值入股所占的股权，没有用现金或实物出资。

6. 分红回填股

分红回填股一般是公司稳定后，分配和馈赠给在公司设立初期没有股权和拥有极少股权的主要技术骨干和经营管理者。

7. 分红股

分红股是只有分红权的股权。这类股权一般是为了稳定和激励公司设立初期没有股权和拥有极少股权的主要技术骨干和经营管理者。这种股权一般是按岗位设立，在岗位上就能获得分红，不在岗位上则没有。

在公司建立初期，公司一般都会设立技术股，如何分配技术股来调动科研人员的积极性就成了一件困难的事情。在技术股的分配问题上需要注意以下几个因素。

（1）技术股要为后续技术人员留有余地，不要一次性分完。

（2）技术股除了要分配给这项技术创造人员外，还应分配给其余为创造这项技术而作出重要贡献的经营和技术管理人员。

（3）在有条件时公司应考虑扩股和配股。

（4）分红回填股应与出资股各占一定比例。

（5）合伙人用于入股的技术应归公司所有，撤除技术应赔偿公司损失。

在国家和地方政府的政策支持下，公司支持技术人员以技术入股，一方面可以调动技术人员的积极性，另一方面也可以稳定人才，为公司的长远发展留足后劲。所以，技术股如果分配不当，不仅达不到促进公司发展的目的，还可能适得其反，增加公司负担。

2.1.3 管理股：以管理入股

管理股是指公司由于管理者优秀的工作成绩，而给予其的股权。管理股通常是对管理者工作成绩的肯定和回报，具有奖励和激励性质，不需要管理者为公司投入资金。

这种管理者在职时获得公司赠与的股权，一般规定不能卖出，而在管理者离职后，公司也大都会将股权收回。但也不乏有的公司为了留住优秀的管理人才而规定高管在为公司工作若干年后，可将一部分管理股转化为终身所有。

这种管理股因不需要管理者为公司投入资金，所以又俗称为“干股”或“红股”，例如一些文学作品或影视作品中经常提到的“干股”或“红股”，都是对管理股的俗称。

与管理股相对的就是原始股，即公司设立时向社会公开募集的股权，投资者需要出资购买，在公司上市后，根据购买的多少来获得分红。

原始股按持有人不同可划分为国有股、法人股和自然人股。而管理股实际上与自然人股相似，因其持有人都是管理者，所以可以视为一般个人持有的股票。但由于管理股不能上市流通，所以又区别于自然人股。总体上来说，管理股有以下几个特点。

（1）管理股是公司对管理者工作成绩的回报和肯定，具有奖励或激励性质，不需管理者实际投资。

（2）管理股又名“干股”或“红股”，是管理者在职时获得公司赠与的股权，一般规定不得卖出，大部分离职后会收回。

（3）管理股与原始股中的自然人股类似，但不能上市流通。

2.1.4 预留股权

预留股权是指公司在建立初期，为方便日后重新进行股权设计而预留出的一部分股权。从公司发展上看，预留股权主要有以下三种作用。

（1）预留股权可以长期激励公司的高新技术人员和业绩突出者。

（2）预留股权可以吸引更多的人才。

（3）预留股权可以完善公司激励机制，以应对人才的不断流动和更新。

在设计预留股权时，通常会出现以下三个问题，预留股权属于谁？预留股权对应的注册资本由谁来出？预留股权在分出去之前的股权权利由谁享有？

1. 预留股权属于谁？

原则上讲，预留股权应该放在大股东名下，由大股东代持。这样做一是便于大股东掌握公司控制权，二是方便以后新合伙人进入时做股权转让。

预留股权也可以放在持股平台。大股东虽是公司管理者但也是普通合伙人，可以和其他有限合伙人一起成立一个有限合伙公司来持有这些股权。将来如果有新合伙人加入，便于公司从持股平台为新的合伙人分配股权。这种方法虽一劳永逸，但因需要另注册一个持股公司，所以成本较高。

最后一个方法是将预留股权平均分配给几名合伙人，分别由几名合伙人代持。虽然这种方法比较受合伙人欢迎，但是如果有新的合伙人加入，每个合伙人都要做一次股权转让，过程会非常复杂。

2. 预留股权对应的注册资本由谁来出?

关于预留股权对应的注册资本由谁来出的问题，一般都是由谁代持股权，就由谁出这部分资金。也可以由所有合伙人先认缴出资，等新合伙人加入时，再转至其名下，由新合伙人负责出资。

3. 预留股权在分出去之前的股权权利由谁享有?

这个问题因涉及利益分配，通常会比较麻烦。若是合伙人之间利益分配不均，会造成合伙人之间的矛盾，从而影响整个公司的发展。

从传统意义上讲，通常谁认缴出资，谁就享受相应的权利。但为了避免公司内部的决策权发生改变，我们可以单独把表决权分出来由大股东享有，分红权在几名合伙人之间分配，具体分配方法可以由其自行协商。这样既可以让合伙人获得该有的利益，也不会让决策权易主。

2.2 如何计算股权比例

合伙人对公司有不同贡献，就会获得不同类型的股权。而不同类型的股权如何分配，是公司面临的一个巨大问题。股权的多少往往代表着合伙人对公司贡献度的高低，而什么样的投入算贡献高，什么样的投入算贡献低，这就需要合伙人了解各类股权类型的计算方法。

2.2.1 确定各种股权的占比

各种类型的股权应该占多少比例是一个重要的问题，因为合伙人根据所持股权类型的不同，从事的工作也不同，对公司的贡献自然也不同。确定各种类型股权的占比，其实就相当于评价合伙人贡献的重要性，这个过程稍有不当，就可能会引起合伙人之间的矛盾。

例如，A、B、C 三人合伙建立一个公司，A 负责市场，B 负责技术，C 负责销售，三个人的资历和经验差不多（也就是这三个人在其他公司能获得的工资都差不多，所以按照各自的时间价格来分配股权，显然不适用）。那么，这个时候股权应该如何分配？

技术研发是一个长期的过程，需要公司长期投入才能带来价值。而销售通常能带来短期的资源效应，但也只是在公司初创时发挥的作用较大。最后，市场职能则介于两者中间。因此，这三种职能的股权分配应该按照各自职能产生的综合效应，具体排序为技术 > 市场 > 销售。

另外，延伸到公司运营过程中的激励比例问题，如表 2–2 所示。

表 2–2 公司运营中不同职能的激励比例

激励比例	短期（工资、佣金）	中期（年终奖）	长期（年金）
技术	低	高	高
市场	高	中	中
销售	高	高	低

注意，以上设计适用于公司是绝对控股型的情况，即管理者占67%的股权，合伙人团队占18%的股权，预留团队股权占15%。这种情况管理者投钱最多，能力最强，而且由管理者集中指挥，从而使整个团队保持高效的执行力。

此外，还有相对控股型，即管理者占51%的股权，合伙人占团队34%的股权，预留团队股权占15%。这种情况需要集体决策，如增资、解散、更新章程等问题，但管理者还是能做主绝大部分事情的。

最后就是不控股型，即管理者占34%的股权，合伙人团队占51%的股权，预留团队股权占15%。这种情况需要合伙人团队能力互补，每个人能力都很强，管理者只占有相对优势。

综上，公司应该根据具体的股权结构类型来分配不同类型股权的占比，调整好各类股权的占比。这样才能保证合伙人的贡献与收益成正比，从而使合伙人更具凝聚力，推动公司更好更快地发展。

2.2.2 根据合伙人类型调整股权

公司在确定各种不同类型的股权占比时，应该根据合伙人的类型、数量进行调整。目前比较常见的合伙人类型有以下三种。

1. 普通合伙人

普通合伙人指的是一般的投资者。

2. 有限合伙人

有限合伙人指的是以出资额为限对公司债务承担责任的合伙人，与对公司债务承担无限连带责任的普通合伙人相对。

3. 隐名合伙人

隐名合伙人指的是只对公司出资，分享其利益，但不参与实际经营活动的合伙人。这种合伙人以出资额为限对公司承担民事责任。一般出资的一方称为隐名合伙人，经营的一方称为营业人或者出名合伙人。

我国的《合伙企业法》规定："合伙人对执行合伙事务享有同等的权利。按照合伙协议的约定或者经全体合伙人决定，可以委托一个或者数个合伙人对外代表合伙企业，执行合伙事务。"

理论上，执行事务的人可以没有上限，但实际上公司的建立基础是合伙人之间的信任，"人合性"非常重要，缺乏信任的合伙人之间不会有高效的合作，所以执行事务的合伙人也不宜过多。

根据这个特点，公司在分配股权时首先要看合伙人的类型，是承担有限责任还是无限连带责任，一般承担的责任越多，拥有的股权就越多。

其次要看合伙人是否承担具体事务，通常在中小型公司中，合伙人都是既出资又承担事务，当然也有一部分只出资不承担事务或者只承担事务不出资。按这种方法区分的合伙人，在公司中的股权占比为"既出资又承担事务 > 只承担事务不出资 > 只出资不承担事务"。

最后要看承担事务的合伙人对公司投入要素的类型，是管理、技术、人脉还是其他要素，这些要素会随着公司的发展呈现不同的价值，公司要根据其现阶段对公司的贡献做动态处理。

综上，从以上三个方面出发，综合合伙人的类型、数量、投入要素等影响股权分配的因素，将这些影响因素进行累加，最终得出合伙人应该拥有的股权总数。

2.3 如何规避股权争议

对于股权争议的问题，公司需要订立明确的规定，在事前有所防范，在事后才有据可依。

2.3.1 预留浮动空间，增加可操作性

合伙人投入要素的价值会根据公司发展的不同阶段而发生变化。如公司成立初期，资金、场地的估值会比较高；而到了中后期，核心技术、人才的估值会比较高。这些估值的变化，会让合伙人拥有的股权发生变化，这也是股权设计会产生争议的主要原因之一。

对此，公司可以设置变量，让公司的股权处在动态变化之中。一般来说，资金股不能算是变量，因为合伙人为公司投入的资金是有具体数额的，要按照估值计算成股权折算给合伙人。但其他要素如技术、人力、管理、人脉等，都属于变量，它们会随着公司发展阶段不同，拥有不同的价值。以下四种方法可以设置变量，如图 2–1 所示。

图 2–1 设置变量的四种方法

1. 发行限制性股权

限制性股权首先是股权，但同时它又有权利限制，需要合伙人分期兑换。而且，合伙人如果中途要离职，公司可以按照事先约定的价格对股权进行回购。

无论公司是否融资，是否上市，都可以套用限制性股权。例如，合伙人在公司成立时只出资了 50 万元，就拿了 20% 的股权。半年之后合伙人要求退出，公司市值 5000 万元甚至 1 亿元，而他却能仅靠一点贡献就得到一大笔钱，这是其他合伙人不想看到的。

2. 股权分期兑现

根据公司的实际情况，公司可以设置不同的股权兑换机制。如小米为了预防短期投机行为，要求合伙人在入职后工作满两年兑换 50%，三年兑换 75%，四年兑换 100%。这种方式保证了合伙人至少要在公司工作两年，避免了其工作几个月就离职给公司带来不必要的损失。

3. 约定回购机制

随着公司的发展，股权的价格也是在不断变化的，合伙人在公司成立初期投入的资金数额并不是股权真正的价格，所以公司在分配给合伙人股权时就要与合伙人约定回购机制，确定一个双方可以接受的回购价格。这个回购价格往往是公司和合伙人双方自行协商的，一般有以下三种模式。

（1）参照原来购买价格的溢价。参照原来购买价格的溢价可以确定股权的回购价格。比如合伙人出资 10 万元购买 10% 的股权，如果几年之后每股涨了两三倍，公司就要以比购买价格高的价格从合伙人手中购回股权，也就是溢价购买。

（2）参照公司净资产。参照公司净资产同样也可以确定股权的回购价格。比如公司发展到第三年或第四年时资产已经上亿元，这时候公司就不能按原来购买价格的溢价购买了。因为回购是一个买断的概念，股权一旦被公司回购，合伙人就不会再获得任何利益。

但参照上述条件，公司的发展速度极快，可想这些股权未来会带来更大的收益，所以这个时候公司要回购股权，第一要考虑合伙人对公司的贡献度，第二要参照公司的发展速度，估算合伙人未来十几年的收益损失。所以对此类重资产公司，从公平合理的角度来看，可以参照净资产来确定回购价格。

（3）参照公司最近一轮融资估值的折扣价。参照公司最近一轮融资估值的折扣价也是确定回购价格的一种方式。首先融资估值是对公司未来价值的估算，估值的结果不管是5000万元还是1亿元都是投资公司认为公司未来可能会达到的一个数值，但这个估值是动态的，并不代表合伙人离职时公司的净资产还是这个价格。

如果公司完全按照公司估值的价格回购股权，会导致公司现金流压力加大，不利于公司未来的发展。这个时候最好的办法就是以公司最近一轮融资估值的折扣价来回购股权。

4. 做好预期管理

针对各种要素可能会产生的价值浮动做好团队预期管理，对于一个公司的发展是很重要的。不论是设置股权兑换的限制条件，还是设置股权回购机制，其实都是一种团队预期管理，让股权处在动态变化之中，利于后期根据公司的发展再进行调整。

在股权分配初期设置这些变量，其实就是为后期各种要素的价值浮动留有一定调整的余地，最大限度地让合伙人拿到与他们贡献度相匹配的收益。毕竟一个公司能不能做成，未来能走多远，是所有合伙人的共同努力所决定的。

2.3.2 设置合伙人贡献目标，按完成度分配股权

公司可以用定期评估法给合伙人设置短期任务目标，根据合伙人这一时间段对公司的贡献来微调合伙人应该持有的股权。以某公司合伙人绩效考核制度为例，如表 2–3 所示。

表 2–3　某公司合伙人绩效考核制度

合伙人绩效考核制度

1. 目的：为充分调动公司合伙人参与销售业务工作的积极性，建立公平合理、公开透明、有效激励的内部奖励分配机制，结合本公司的实际情况，特制定本制度。

2. 适用范围：适用范围包括 ×××、×××、××× 等合伙人。

3. 销售任务：合伙人的销售任务额每月初公布，原则上按人均 10 万 / 月设定考核目标。

4. 销售业绩奖励

（1）采用按销售额发放提成奖金的考核方式：隔月结算，即本月结算上个月的提成奖金。

（2）具体提成比例：

合伙人月度实际销额（元）	提成比例	合伙人月度实际销额（元）	提成比例
0—100000	0	160001—180000	5%
100001—120000	2%	180001—200000	6%
120001—140000	3%	200000 以上	7%
140001—160000	4%		

续表

（3）提成奖金计算办法： 提成奖金 = 实际销售额 × 提成比例 实际销售额 = 当月发货金额 – 当月退货金额 （4）合伙人提成奖金计入公司工资成本。 （5）合伙人每月的提成奖金与利润分红同时兑现。 5. 销售业绩惩罚：合伙人未完成销售任务的，其月度分红按照销售完成率进行折算，即 实际分红金额 = 核算分红金额 × 销售任务完成率。 月度销售任务及实际销售金额采用各月累计方式计算，例如某合伙人 5 月的销售任务完成率 =1—5 月实际销售额 ÷ 1—5 月任务总额

在上述案例中，公司对合伙人的业绩、提成方法以及未完成目标的惩罚办法都有规定。根据合伙人每月的业绩计算实际分红，这样既可以一定程度上提高合伙人的工作积极性，又能确保合伙人拿到的分红符合其这一阶段的贡献度。

所以，股权设计争议处理并不是一项事后的工作，而是一项事前工作，不论是设置限制性股权，还是设定股权回购机制以及设置合伙人的任务目标，这些都需要事前与合伙人协商好。虽然这样处理可能会一定程度上损伤合伙人的感情，但权责清晰、有据可依的公司规章制度，可以规避掉公司与合伙人的许多争议问题，更有助于公司进一步的发展。

第3章

股权设计“雷区”：创始人控制权是怎样流失的

公司应该有科学合理的股权，这是强化顶层设计的需要，一方面，能够为团队建立竞争优势；另一方面，可以促使业绩实现指数级增长。那么，如何进行股权设计就成为创业者必须关注的问题。首先，在进行股权设计时，一定不要进入“雷区”，否则就会影响公司的发展和团队的进步；其次，股权设计的关键是保障创始人的控制权，让创始人可以充分管理公司。

3.1 那些不太高明的股权设计方案

虽然股权设计不是非常困难，但也要讲究科学的原则和实用的方法，这样才能够让每个股东都知道自己的权力与责任，才能够让团队和公司健康运行。对于创业者来说，股权设计有一定不可忽视的四大“雷区”。

3.1.1 让小股东拥有决策权

在公司中可能会有这样一种情况：某个股东虽然股权很少，但拥有很大的决策权。例如，一家公司刚刚创立的时候只有两个股东李某和张某，他们一个占 51% 的股权；一个占 49% 的股权。后来为了增强市场竞争力，公司引进了一位技术人才，这个技术人才希望获得公司的股权。

于是，李某和张某经过多次商议，最终决定每人拿出 2% 的股权放到技术人才名下，如此一来，他们二人的股权就分别变成 49% 和 47%，而技术人才的股权则从 0 变成 4%。

按理说，技术人才的股权比较少，在公司的地位没有那么高，是个不折不扣的小股东，不过要是李某和张某发生矛盾，情况就会有所不同。

张某 47% 的股权再加上技术人才 4% 的股权，正好是 51%，但李某的股权只有 49%。在这样的股权架构下，李某和张某都说了不算，而是技术人才说了算。

由此可见，如果出现 A、B 与 C 股权相加均大于 51% 的情况，大股东的控制权和决策权就会受到严重影响，小股东的地位会比之前高很多，这对公司有非常大的危害。

3.1.2 在设计股权时不考虑人力

按资入股主要是根据出资比例来确定股权，这样的布局虽然比较容易操作，但存在一定的不合理性。例如，三位创始人（王某、李某、刘某）合伙开公司，需要原始资金 1000 万元，王某投入 500

万元占 50% 的股权，李某投入 300 万元占 30% 的股权，刘某投入 200 万元占 20% 的股权。

从表面上看，这样的分配方式非常合理，但没过多久，不合理的情况就开始出现了。王某不仅投入了 500 万元，还要负责整个公司的运营，李某和刘某只是在开始的时候投入一笔资金，之后便撒手不管，根本不参与具体的事务。

不过，李某和刘某还是按照出资比例获得了股权，拿到了分红，久而久之，王某的不满情绪越来越强烈。从出资的角度看，三位创始人确实应该按照 5∶3∶2 的比例分配股权，但从人力的角度看，股权的分配不应该只考虑出资，还应该考虑为公司所作的贡献。

对公司来说，人力不仅是一种资源，更是促进发展的强大动力，所以在分配股权时，我们的视野不能过于狭窄，要结合各方面因素得出一个科学合理的结果。

3.1.3 公司内部聚集大量股东

有的时候，某些公司为了积累更多的资源和人脉，会通过众筹的方式聚集大量股东。

张某是一家公司的创始人，他的公司拥有大约 100 位股东，这些股东基本上都是其他公司的高管，有自己的工作要做。公司刚开始运营时，每一位股东的积极性都很高，也都愿意投入资金。但是时间一长，很多股东由于要忙自己的事情，根本无暇顾及公司的运营和发展，而张某又分身乏术，很难做到事无巨细。

于是，在经过了一年的艰苦支撑以后，这家公司不得不以失败告终。可见，如果公司拥有大量的股东，不仅股权非常不好分配，而且还可能出现因为大家意见不统一而无法正确决策的情况。在股东众多的情况下，股权会变得非常分散，而且相差比例并不大，如20%：30%：10%：10%：30%。这样的结构没有核心股东，各股东之间相互制衡，非常影响公司的运营。

另外，要是股东把大量时间和精力放在互相博弈上，而不关心公司的运营和员工的管理，那公司很难获得好的发展。股东自己都不在乎公司，总是想着坐享其成，那显然是行不通的。

3.1.4 没有妥善处理“影子股东”的股权

一些股东在公司创建过程中投入了较多的资本，但是其能力欠缺，往往不参与公司的运营和决策。这些股东的主要义务是出资，通常不承担连带责任，所以也被称为“影子股东”。

在对“影子股东”进行股权分配时，要根据公司自身的实际情况，遵循公平公正的原则，拿出最佳的方案。一般来说，对于“影子股东”的股权分配，应该遵循三个原则，如表3–1所示。

表3–1 “影子股东”股权分配的三个原则

序号	原则
1	按投入占比分红，没有额外工资
2	按投入占比分红，没有额外业绩提成
3	逐渐稀释“影子股东”的股权占比

首先，股东不参与经营时，可以根据投入时的股权占比，进行分红，但是其不会获得额外的工资。股东投入资金，获得分红无可厚非，但是对于那些参与公司经营的股东来说，他们夜以继日地为

公司工作，为公司的发展立下了汗马功劳，如果对他们也仅仅按照投入占比分红，则有失公允。

所以，对参与公司经营的股东，公司还应该给予更多的报酬。例如，给予他们与其工作强度相匹配的年薪等。

其次，股东不参与经营时，可以根据投入时的股权占比进行分红，但是不会获得额外业绩提成。这一原则看起来与第一个原则类似，但也稍有不同。

在对参与经营的股东进行额外补贴时，必须参考其工作业绩，再给予相应的薪酬，这样的方式能够充分调动他们的工作积极性，使他们做得更出色，为公司创造更多的财富。

最后，对不参与经营的股东，公司要逐渐稀释他们的股权占比。从短期来讲，稀释不参与经营的股东的股权固然是一种有损他们利益的行为，但为了公司的发展和进步，这样的行为是更加科学的，也是势在必行的。

如果不参与经营的股东在公司一直占据主要位置，那么当公司获得盈利时，这些股东会获得更多的分红，这对于参与经营的股东来讲是不公平的。如果公司发展遇挫，创业团队在稀释不参与经营的股东的股权后，也会使这些股东承担更小的责任。总而言之，这一原则无论是对小股东，还是对大股东来说都是有百利而无一害的。

3.2 保护控制权是股权设计的核心

保障创始人的控制权可以为创始人树立其在公司内部的影响力

以及话语权，同时还有利于提升团队决策的效率，推动项目的顺利执行。另外，在创业初期，创始人要持有较高的股权，还要通过一些必要的方法和技巧加强对公司的管理。

3.2.1 小股东委托大股东行使投票权

在美国纳斯达克上市之前，京东就已经进行了多轮融资，刘强东与其余创始人的股权加在一起是23.8%。虽然京东现在已经相对成功，但股权稀释也是避免不了的。为了保障自己对京东的控制权，刘强东采用了一种比较好的方法：与DST、红杉资本、中东投资者、高瓴资本、腾讯等大股东签署投票权委托协议，获得京东上市前51.2%的投票权。

简单来说，投票权委托协议是通过签订协议，让创始人把激励对象或投资者的表决权拿过来。签订投票权委托协议之后，激励对象或投资者的表决权虽然全部让给了创始人，但依然享有分红权、增值权和处置权等多项权利。

除了签订投票权委托协议以外，签订股权代持协议也是创始人保障控制权的方法，即创始人通过股权代持协议代持激励对象或投资者的股权。虽然被代持股权的激励对象或投资者名义上属于大股东，但法律上还是属于激励对象或投资者。

创始人可以在一定程度上代替被代持股权的激励对象或投资者行使投票权，但存在潜在的法律风险。另外，因为国家相关法规明确规定，公司在上市时必须有明晰的股权，所以对即将上市的公司来说，股权代持协议一定要谨慎使用，不能随便签订。

3.2.2 小股东绑定行动

一致行动人的目的在于保护创始人对公司的控制权，通常会落实到书面上，即签订一致行动人协议，这个协议相当于在股东大会之外又建立一个由部分股东组成的“小股东会”。每一次在讨论某一事项时，“小股东会”会事先给出一个结果作为唯一对外的意见，用以决定这一事项是否进行，这样可以达成增强创始人控制权的目的。如果有人做出相反的决定，或者违背一致行动人协议，其他签约人有权在法律允许的范围内根据具体内容来实施惩罚。

例如，2021 年 10 月，陕西某电器股权有限公司的创始人与其合伙人签署了《一致行动人协议》，至此，这位创始人与其合伙人共同持有 5321.2470 万股，占公司总股权的 22.56%。他们签署的《一致行动人协议》主要包含一致提案和一致投票行动，而双方作为陕西某电器股权有限公司的股东所享有的其他股票处置权、分红权、查询权等权利则不受影响。

下面整理了一份《一致行动人协议》范本，供大家参考。

《一致行动人协议》范本

甲方：__________（身份证号码：________________）

乙方：__________（身份证号码：________________）

丙方：__________（身份证号码：________________）

丁方：__________（身份证号码：________________）

以下称为“各方”。

鉴于：

（1）甲方为____股权有限公司（以下简称“A 公司”）

的股东，占股____%；乙方为A公司的股东，占股____%；丙方为A公司股东，占股____%；丁方为A公司的股东，占股____%。

（2）为保障公司得到稳定的发展，减少公司因意见不合而浪费的时间、经济资源，提高公司经营、决策的效率，各方协商在公司股东大会中采取“一致行动”，从而达到高效控制公司的目的。

为此，各方经友好协商，对“一致行动”的事宜进一步明确以下条款。

1.“一致行动”的目的

各方将在公司股东大会会议中行使表决权时保持目标一致、行为一致，以达成保障各方在公司中的控制地位的目的。

2.“一致行动”的内容

各方在公司股东大会会议中保持的“一致行动”是指，各方在公司股东大会中在行使下列表决权时保持行为一致：

（1）提案保持一致；

（2）投票表决决定公司的经营企划和投资者案保持一致；

（3）投票表决制订公司的年度财务预算方案、决算方案保持一致；

（4）投票表决制订公司的利润分配方案与弥补亏损方案保持一致；

（5）投票表决制订公司增加或减少注册资本的方案以及发行公司债券的方案保持一致；

（6）投票表决聘任或解聘公司经理，并根据经理的提名，聘任或解聘公司副经理、财务负责人，决定其报酬事项保持一致；

（7）投票表决决定公司内部管理机构的设置保持一致；

（8）投票表决制定公司的基本管理制度保持一致；

（9）假如各方中任意一方无法参加股东大会会议的，须委托另一方参加会议并代为行使投票表决权；若各方均无法参加股东大会会议的，则须共同委托他人参加会议并代为行使投票表决权；

（10）行使在股东大会中的其他职权时保持一致。

3.“一致行动”的延伸

（1）若协议内部各方意见无法统一，各方则依据____方的意向行使表决权；

（2）协议各方承诺，若某一方将自己所持本公司的全部或者部分股权对外转让，则受让方需要同意继承本协议所协商的义务并与其余各方重新签署本协议，股权转让方能生效；

（3）如果任何一方违反其作出的以上任意一条承诺，则必须按照其他守约方的要求将其全部的权利与义务转让给其他守约各方中的一方、两方或多方，各守约方也可以一致要求将违约方的全部权利和义务转让给指定的协议外第三方。

4.“一致行动”的期限

自____年__月__日至____年__月__日止。

5.变更或解除协议

（1）本协议自各方在协议上签字盖章之日起生效，各方在协议期限内应按照约定履行协议义务，若要变更本协议条款需经各方协商一致且采取书面形式重新签订协议；

（2）在期限之前解除本协议，需各方协商一致。

以上变更和解除均不得损害各方在公司中的合法权益。

6. 争议的解决

本协议出现争议各方必须通过友好协商解决，协商不成应将争议提交给____仲裁委员会按当时有效的仲裁规则在____解决。

7. 管辖的法律

本协议以及协议各方在本协议下的权利与义务由中国法律管辖。

8. 本协议一式____份，各方各执____份，具有同等法律效力。

签署各方：

甲方：__________（签字）

乙方：__________（签字）

丙方：__________（签字）

丁方：__________（签字）

签约日期：____年__月__日

签约地点：

3.2.3 新型合伙模式：有限合伙持股

有限合伙是由普通合伙人和有限合伙人组成的一种新型合伙模式，其中，普通合伙人承担无限责任，有限合伙人根据其出资额承担有限责任。在这种合伙模式中，普通合伙人虽然承担无限责任，但可以作为事务执行人对外代表公司，并掌握绝对的决策权；而有限合伙人虽然可以获得分红，但没有决策权和对公司的控制权。

由此可见，有限合伙通过分离投票权与股权、决策权与分红，让创始人轻松掌握了公司的控制权。另外，借助特有的内部治理机制，有限合伙还能够降低运营成本、提高决策效率。投资者如果通过有限合伙持有股权，那就可以随意转让自己的股权和权利，退出时也更加自由。这种能在投资的同时可以自由退出的模式，将对投资者产生更大的吸引力。

此外，创始人还可以让自己或自己名下公司担任普通合伙人，控制有限合伙公司，然后通过这个有限合伙公司持有和控制更多股权。采用这种做法，创始人或他名下公司就可以成功掌握控制权。而其他股东只能是有限合伙人，只享有分红但不参与日常管理决策，也无法控制公司。

最后需要注意的是，创始人的婚姻一旦发生变化，稍有不慎，他就会失去股权以及控制权。所以，要想保证股权和控制权的稳定性，创始人可以引入有限合伙或者对投票权进行合理设计（签订投票权委托协议、一致行动协议）。

第 4 章

退出机制：维护合伙关系的重要保障

正所谓“天下大势，合久必分，分久必合”。在初创时建立的合伙关系很可能随着公司的发展面临着重新整合，新的合伙人会加入，自然也会有老的合伙人退出。

新合伙人加入会面临股权重新分配的问题，老合伙人退出则会面临股权回购的问题。如何设计一个合理的合伙人退出机制，使得这些公司的“核心成员”退出时，把其对公司造成的风险降到最低，是公司需要重点考虑的问题。

4.1 合伙人如何退出

合伙人主要有三种退出形式，不同的退出形式给公司造成的影响也不尽相同，需要公司做出应对的办法也不同。如何有策略地应对每一种情况下合伙人的退出，是创业者需要学习的一项必备技能。

4.1.1 提前约定退出

合伙人退出公司意味着不再参与公司未来的任何经营活动，为了保证其他合伙人的正当权益，将合伙人退出公司的风险降到最低，一些公司在初创时就会设立退出机制，约定合伙人退出时的各种问题如何处理。

例如，合伙人之间签订协议，约定任何合伙人退出时，就意味着其放弃股权附属的全部权利，但公司对于其当年的贡献还是认可的。这样既可以对合伙人有一定的约束作用，又能保证公司与合伙人“和平分手”。

相反，如果公司事先没有与合伙人约定退出机制，很容易形成公司与合伙人“两相对峙”的局面，一旦事态扩大，更是会影响公司的品牌形象甚至正常运转。

例如，某公司的一位合伙人在办理离职时，要求变现他的股权。公司以 1∶1 的比例按他在 3 年前认购股权的原价 300 万元计算退股。但该合伙人却认为因上年公司的实收资本由 20 亿元增加到 30 亿元，所以他的股本也应该增加到 450 万元，而且上年公司的年度每股净资产为 3 元，而并非公司计算的 1 元。按此计算，公司尚有 1050 万元未兑现给该合伙人。

该合伙人最终将公司告上了法庭，要求其追加股权回购款 1050 万元。这起事件在社会上引起了广泛关注，严重影响了该公司的形象。

在这个案例中，显然公司和合伙人各有一套说辞，但公司事前没有与合伙人沟通退出机制，让合伙人觉得自己为公司的付出没有得到应有的回报，最后两方只得不欢而散。因此，提前约定退出机制，对公司在处理合伙人退出时股权争议的问题上是非常有利的。

公司对合伙人股权的回购也可以说是一种买断，即买断合伙人股权未来的收益。因此，公司需要秉持着“一个原则和三个方法”。

一个原则，即承认合伙人历史贡献的原则。虽然公司的未来与退出的合伙人不再有关系，但公司不能忽略掉其至今对公司的贡献。如果公司不能在这个问题上作到公平合理，会很容易激化与退出合伙人的矛盾，甚至会影响其他在职的合伙人，让他们对公司失去信心，进而影响公司的发展。

公司可以通过以下三种方法，即从源头限制股权权利、分期支付股权和确定具体的退出价格，来与合伙人约定退出机制。

1. 从源头限制股权权利

从源头限制股权权利是指合伙人获得的股权收益是有限制的，一般体现在两个方面：一是获得条件，二是出售条件。

从获得条件来看，这种限制性股权一般都用于激励员工。这种方法是公司通过检验员工的业绩指标完成度，来给予其相应的股权奖励。“多劳多得”的风气确实可以促进员工更加努力工作，但公司同时也要加强管理，避免恶性竞争。

从禁售条件来看，股票市价条件、年限条件、业绩条件等都可以成为禁售条件。这样一来就避免了合伙人一拿到股权就随意抛售这一问题，一定程度上加强了合伙人的稳定性。

公司与合伙人提前约定获得条件和出售条件，就相当于从源头上规定了合伙人的业绩标准和在职年限，合伙人既不可能“不劳而获”，也不会轻易提出离职。而且如果合伙人离职也可以按照其业绩标准和工作年限进行量化回购其股权，由此就可以避免合伙人在离职后因股权问题与公司产生纠纷。

2. 分期支付股权

不同的公司模式有不同的股权分期方式，常见的有以下四种经营模式，如图 4–1 所示。

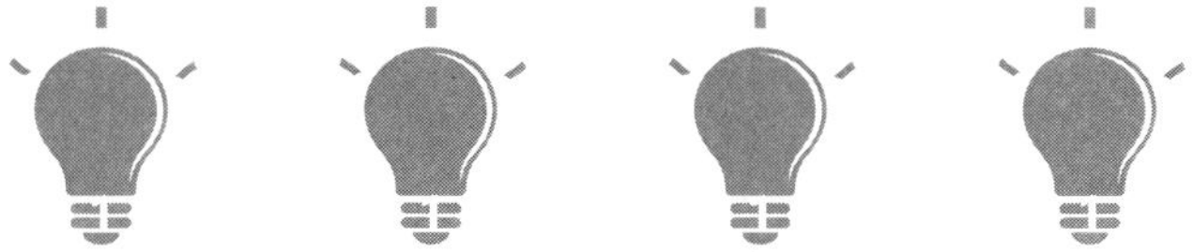

图 4–1 公司的四种经营模式

（1）分工协作经营模式。分工协作经营模式是指公司在经营过程中尽可能与大公司合作，应避免在业务上与大公司直接竞争，而是做大公司发展中不可或缺的助力。

（2）特许权经营模式。特许权经营模式也就是常见的连锁经营的一种形式，它是指公司将自己拥有的商标、产品和专利技术等，以签订合同的方式授权给其他人，让其按照规定支付相应的费用，并在统一的业务模式下从事经营活动。

（3）利基经营模式。利基经营模式是指公司有侧重地选择一个特殊的利基市场，重点经营某一种产品或服务，创造出自己的绝对竞争力，以满足消费者的多层次需求。

（4）虚拟经营模式。虚拟经营模式是物质型经济向知识型经济转变的产物，这种经营模式下的公司只掌握核心功能即公司发展中高增值的部分，如知识和技术等，至于其他低增值的部分全部虚拟化，以此来最大限度地利用公司资源。

这几种公司经营模式的市场定位、运营方式和经营理念都不相同，管理者可以根据公司的具体情况来分期支付合伙人的股权。常见的股权分期方式有以下四种。

（1）分期四年，每年兑现给合伙人 1/4 的股权。

（2）合伙人必须工作满两年，两年之后股权兑现 50%，剩下的第三年、第四年分别兑现 25%。

（3）按照合伙人工作的年限逐年增加，即第一年 10%、第二年 20%，依次类推。

（4）合伙人必须工作满一年，一年后股权兑现 1/4，剩下的每个月兑现 1/48。

这四种模式几乎都直接或间接地规定了合伙人获得股权的条件之一就是工作至少满一年，而工作的时间越长，越能得到更多的股权，这无疑就增加了合伙人与公司的黏性。另外，股东在离职后，公司也能根据其工作年份计算回购的价格，避免了不必要的纠纷。

3. 确定具体的退出价格

确定具体的退出价格是公司在和合伙人提前约定退出机制时最应探讨的问题。股权的价格会随着公司的发展逐渐变化，比如合伙人购入时 1 元 1 股，公司发展几年后就变成了 2 元 1 股。所以公司在确定具体的退出价格时要考虑两个因素：一是退出价格的基数，二是溢价或折价的倍数。

公司提前与合伙人确定好具体的退出价格，合伙人在退出时就能有据可依。具体的回购价格是以双方都认可的方式计算出的，这样也就避免了公司和合伙人在回购价格上发生冲突。

4.1.2 中途退出

在公司经营过程中，由于公司经营不善或股东个人资金周转等问题，股东可能会要求中途退股。但依据我国《公司法》的规定“股东完成出资后不得抽逃出资”。所以公司股权是不能退回的，只能转让，常见的中途退股的清算方式有两种。

（1）某股东退股，由其他股东接收。这种情况不需要对公司资产进行清算，只需要根据公司现有的净资产做转让所得与损失处理。

（2）股东决议，不继续经营。这种情况需要对公司资产进行清算并请中介机构出具清算报告。清算的内容包括清算费用、职工工资保险费和债务清偿等，最后如果有剩余则按比例分配给股东。

股东购买公司的股权，实际上是对公司的发展有着绝对的信心，一般不会轻易退出，但股东可以在以下三种情况中途退出，如图4–2 所示。

图 4–2 股东中途退出的三种情况

1. 股权转让

有限责任公司的股东可以通过股权转让的方式退出公司。股权转让方式有两种：一是股东之间转让，二是向股东以外的人转让。

（1）股东之间转让。《公司法》第七十一条第一款规定："有限责任公司的股东之间可以相互转让其全部或者部分股权。"这种转让方式完全是股东内部的个人行为，不需要征求其他股东同意。

但《公司法》第七十一条第四款规定："公司章程对股权转让另有规定的，从其规定。"所以一些公司为了避免公司内部控股权之争，往往会在公司章程中有相关的规定去控制股东的这种内部转让行为。

（2）向股东以外的人转让股权。《公司法》第七十一条第二款规定："股东向股东以外的人转让股权，应当经其他股东过半数同意。"这种转让方式事实上就是有新的股东加入，所以股东应当就转让事项书面通知其他股东，如果其他股东不同意，则不同意的股东应当购买其转让的股权。

2. 申请退股的法定情形

《公司法》第七十四条规定了有限责任公司股东在以下三种法定情形下才可以退股。

（1）公司连续五年不向股东分配利润，而公司该五年连续盈利，并且符合本法规定的分配利润条件的。

（2）公司合并、分立、转让主要财产的。

（3）公司章程规定的营业期限届满或者章程规定的其他解散事由出现，股东会会议通过决议修改章程使公司存续的。

如果在规定限期内，股东与公司不能达成股权收购协议，股东则可以向人民法院提起诉讼。

因此，在公司还能存续的情况下，上述的三种情况是很难发生的，所以股东是不能轻易提出退股的，相关法律也不会予以支持。

3. 解散公司

公司解散有以下两种情况。

（1）根据公司章程规定或股东会议决议而解散公司。《公司法》第一百八十条规定："公司因下列原因解散：（一）公司章程规定的营业期限届满或公司章程规定的其他解散事由出现；（二）股东会或股东大会决议解散；（三）因公司合并或者分立需要解散；（四）依法被吊销营业执照、责令关闭或者被撤销；（五）人民法院依照本法第一百八十二条的规定予以解散。"

由此，股东会议决议解散公司实际上是股东通过这种方式取得了依法退股的资格，在公司清算完各项费用、职工工资以及债务后，剩余所得可以由股东按比例进行分配。

（2）特殊情况下股东可申请人民法院强制解散公司。《公司法》第一百八十二条规定："公司经营管理发生严重困难，继续存续会使股东利益受到重大损失，通过其他途径不能解决的，持有公司全部股东表决权百分之十以上的股东，可以请求人民法院解散公司。"

若公司最后没有解散，申请解散的股东可以将自己的股权转让给其他股东或第三人，以这种方式退掉自己的股权。

4.1.3　公司回购股权

公司因长期的发展规划常需要回购股东的股权，从而让公司整体能更好地发展。公司从公平合理的角度出发，结合股东对公司的贡献，常会采用溢价购买的方式回购股权。

比如，股东在购买股权时出资 50 万元，公司后因发展需要购回其股权出资150万元，较股东的购买价格多了100万元，这就属于溢价购买。

公司大规模地回购股权，常是公司股价被低估的一种信号。溢价回购常伴随着公司股权增持计划。这有利于提升投资者的信心，给公司带来长足的发展。下面以探路者的股权回购方案为例对此进行说明。

探路者股权回购方案

1. 回购股权的目的和用途

为了进一步建立、健全公司长效激励机制，吸引和留住优秀人才，充分调动公司高级管理人员、核心及骨干人员的积极性，有效地将股东利益、公司利益和核心团队个人利益结合在一起，使各方更紧密地合力推进公司的长远发展，本次回购的股权将用作员工持股计划或股权激励计划，提请股东大会具体授权董事会依据有关法律法规决定实施方式。

2. 回购股权的方式

通过深圳证券交易所交易系统以集中竞价交易、大宗交易或法律法规允许的其他方式回购公司股权。

3. 回购股权的价格或价格区间、定价原则

为保护投资者利益，结合近期公司股价，回购股权的价格为不超过人民币6.00元/股。

在本次回购自董事会通过之日起至回购完成前，若公司实施派息、送股、资本公积金转增股本、股票拆细、缩股及其他等除权除息事项，自股价除权除息之日起，按照中国证监会及深圳证券交易所的相关规定做相应调整。

4. 回购资金总额及资金来源

回购资金总额不超过人民币5000万元（含5000万元）且不低于3000万元（含3000万元），具体回购资金总额以回购期满时实际回购的资金为准；资金来源为自筹资金。

5. 拟回购股权的种类、数量及比例

（1）本次回购的种类为境内上市人民币普通股（A股）。

（2）在回购资金总额不超过人民币5000万元（含5000万元）且不低于3000万元（含3000万元）、回购股权价格不超过人民币6.00元/股的条件下，预计回购股权不超过833万股，占公司目前已发行总股本比例约0.93%。

具体回购股权的数量以回购期满时实际回购的股权数量为准。若公司实施派息、送股、资本公积金转增股本、股票拆细、缩股及其他等除权除息事项，自股价除权除息之日起，按照中国证监会及深圳证券交易所的相关规定做相应调整。

6. 回购股权的期限

本次回购股权的实施期限为自股东大会审议通过本次回购股权方案之日起不超过12个月。

（1）如果触及以下条件，则回购期限提前届满。

第一，如果在此期限内回购资金使用金额达到最高限额，则回购方案实施完毕，即回购期限自该日起提前届满。

第二，公司董事会决定终止实施回购事宜，则回购期限自董事会决议生效之日起提前届满。

公司将根据股东大会和董事会授权，在回购期限内根据市场情况择机作出回购决策并予以实施。

（2）公司不得在下列期间回购公司股票。

第一，公司定期报告或业绩快报公告前10个交易日内。

第二，自可能对本公司股票交易价格产生重大影响的重大事项发生之日或者在决策过程中，至依法披露后2个交易日内。

第三，中国证监会及深圳证券交易所规定的其他情形。

7. 决议的有效期

与本次回购相关的决议自公司股东大会审议通过回购股权方案之日起12个月内有效。

探路者作为国内首家上市的户外用品公司，在国家大力提倡健康、绿色生活方式的大环境下，势必会迎来公司发展的提速期。

公司想要坐稳行业领军者的位子，就要适时地增加投资者的信心。而在这时推出股权回购计划并以溢价购买的方式激励员工，无疑是公司对未来前景以及自身价值的高度认可。这将大大增强投资者信心，也有利于公司迎来新一轮的健康持续发展期。

4.2 合约未到期合伙人如何退出

股东在合约期限内就要求退出转让其股权，公司应该如何应对？以及如何在入股合同中设计惩罚机制，减少股东中途退出的现象发生？这些都是管理者在与股东签订入股合同时应该考虑的问题。

4.2.1 公司亏损退出方案

合伙人入股大多是看好公司的发展形势，然而当公司形势不明朗时，合伙人一般会及时止损，提出退出的申请。显然，在公司发展困难期合伙人的退出无疑会让公司雪上加霜，所以，为保障公司还可以继续发展，管理者就需要建立一套完善可行的退出机制。

例如，A、B、C 三人合伙开了一家舞蹈工作室。三人各出资 5 万元，平均分配股权。因三人关系要好，所以股权分配只是口头约定，并没有签订合伙协议或制定退出机制。

在前期准备阶段，店铺租金花费 6 万元，装修花费 2 万元，购买服装、道具等花费 1 万元。开业后，因前期宣传准备不充分，所以招生情况并不理想。虽然 A 依旧对工作室非常有信心，但 B 却逐渐丧失了信心。

最后，B 提出退出。因当初没有制定退出机制，所以 A 与 C 只能同意 B 退出，退回其当初入股的 5 万元资金。资金短缺，一下子让工作室陷入了危机，而 A 与 C 苦苦支撑了几个月也终究没能让工作室起死回生。

在以上案例中，因三人在创业前期没有设计退出方案，所以在公司亏损时，B 的退出给公司带来了致命的打击。一些合伙人因相互之间关系亲近，在公司成立初期为了不损伤相互之间的感情，股权分配的问题只作口头约定。然而到了后期公司出现亏损，合伙人之间意见出现分歧的时候，很可能给公司带来致命打击。

因此，在公司成立之前，合伙人之间要就退股的情况、转让股权的情况以及退股后如何分配利润等问题，制定一份协议，这样才是成熟的合作机制。

没有人敢保证公司会一直处于稳步上升的状态，根据政策和市场的变化发展，公司会盈利，自然也会亏损。公司想要平稳过渡出低谷期，在建立退出机制时就要考虑以下两个因素。

1. 合伙人可以退出，但不能带走股权

在公司亏损时提出退出的合伙人大多没有想和公司一起成长，而其初期的投资行为也可以算作一种投机行为。从公司与合伙人双方情感出发，这样的合伙人没有必要挽留，也留不住。但是，为了避免公司的资金链发生危机，影响公司的存续性，所以要在退出机制中约定合伙人在公司亏损的状况下退出，不能带走公司的启动资金和股权。

2. 规定资金占股与参与占股分离

大多数合伙人在初创公司时，选择按出资额分配占股。这种分配方式在公司成立初期看似很合理，但在公司经营过程中，人力的作用逐渐加大，这种股权分配方式会让一些投入人力较多的合伙人产生不平衡感。

所以，为了避免合伙人之间产生不平衡感，规定资金占股与参与占股分离是非常有必要的。资金占股与参与占股的具体比例可以根据公司具体情况来分配。一般都是资金股占较小人力股占较大，这样既保证了合伙人不会带走太多股权，又能调动合伙人的工作热情。

4.2.2 公司盈利退出方案

相关法律规定股东不能随意地撤回投资，否则就算作抽逃出资，会受到行政和刑事处罚。股东只有在符合相关退股的法定情形下，才能在合约期内中途退股。

如果公司运营良好，一直处于盈利的状态，股东因为自身的原因要在合约期内退股，只能选择转让股权、请公司回购股权或者诉请解散公司的方式。

在这种情况下，公司制定退出机制时应该主要考虑的就是价格因素，回购价格偏低会损害退出股东的利益，但因其是在合约期内退股，所以定价也不宜过高。通常可以考虑以下三种方式进行定价，如图 4–3 所示。

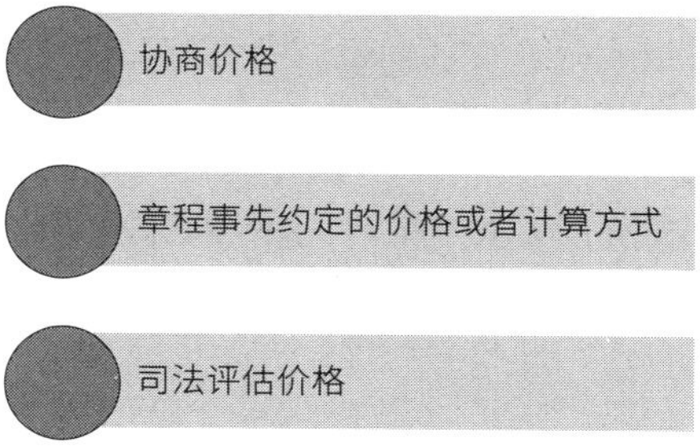

图 4–3 回购定价的三种方式

（1）协商价格。在合约期内股东提出退出后，公司和股东自行协商一个双方都满意的回购价格。

（2）章程事先约定的价格或者计算方式。公司与股东签订入股合同时规定了中途股东退出的回购价格，例如以退出时公司的净资产计算或是按原始出资价格退回等。

（3）司法评估价格。因公司强制收回股权等情况，股东向人民法院申请诉讼退股，法院一般会委托专业的评估机构对价格进行评估。

那么，怎样制定退出机制才能尽可能地避免股东退出时发生矛盾，影响公司的发展？有以下两个方法。

1. 建立准许股东退出机制

（1）规定当某一大股东把持公司，导致其他股东的正常权益受限时，其他股东可申请退出公司，退出之前必须清算其权益。

（2）规定当某一股东和其他股东发生不可调和的矛盾，无法继续经营公司时，该股东可以申请退出公司，股权由其他股东收购。

（3）规定当公司连续两个财务年度利润收益不达标时，任何拥有股权 10% 以上的股东都可以提出公司解散，公司得依法进行清算。

2. 建立限制股东退出机制

（1）当公司不能清偿其债务时，退股股东也要承担部分清偿责任。

（2）收购公司的价格不能超过公司的净资产，以免损害债权人的利益。

（3）股东退股应当公告公司的债权人，若债权人不同意股东退股，公司需要清偿债权人的债务，然后再继续进行退股工作。

公司想要没有争议地解决股东在合约期内退出的问题，就要制定双向的约束机制。公司要秉持着公平合理的态度，在股东可以申请退出的情况下承认其对公司贡献，用合理的价格回购其股权。但股东也不能利用退股的方法，逃避自己应尽的责任与义务。

4.2.3 股权接手人资格限制

以自由为原则，以限制为例外是股权转让的总体规则。所以自由转让并不等于随意转让，对其例外的限制不同程度地存在着，包括接手人的资格、转让场所、发起时间等，具体的限制有以下几种情形，如图 4–4 所示。

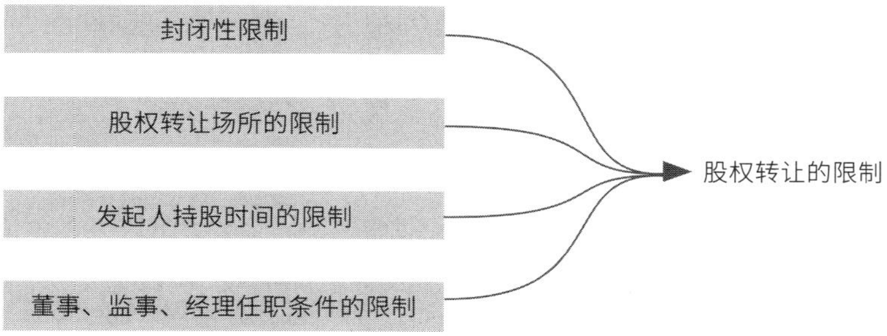

图 4–4　股权转让的限制

1. 封闭性限制

封闭性限制是指当股权接手人是公司以外第三人时，必须经半数以上的股东同意。若有股东不同意，则需要出资购买股权，如不出资，则视为同意转让。

2. 股权转让场所的限制

我国《公司法》第一百三十八条规定：“股东转让其股份，应当在依法设立的证券交易所进行或者按照国务院规定的其他方式进行。”第一百四十条规定：“无记名股票的转让，由股东将该股票交付给受让人后即发生转让的效力。”因此，出让方与接手人必须在法律规定的证券交易场所进行股权转让。

3. 发起人持股时间的限制

我国《公司法》第一百四十一条规定：“发起人持有的本公司股

份，自公司成立之日起一年内不得转让。”因此，持有股权一年以上的股东才可以转让股权。

4. 董事、监事、经理任职条件的限制

我国《公司法》第一百四十一条规定：“公司董事、监事、高级管理人员应当向公司申报所持有的本公司的股份及其变动情况，在任职期间每年转让的股份不得超过其所持有本公司股份总数的百分之二十五；所持本公司股份自公司股票上市交易之日起一年内不得转让。上述人员离职后半年内，不得转让其所持有的本公司股份。”

对高级管理人员做股权转让的限制，也是为了防止泄露公司的内部信息，从而保护其他股东的利益。

4.2.4 退出惩罚机制

为了避免股东中途随意退股给公司带来不必要的影响，公司在与股东签订入股合同时可以设置一些惩罚机制，约束股东的行为。常见的有以下两种方法。

1. 公司股权分期成熟

公司在股权分配时规定了公司的股权是分期成熟的，股东的股权按照工作年限逐年增加。股东在未够年限时离开，公司可以按照其具体工作年限计算其已经成熟的股权，以双方之前约定的价格回购其股权。

2. 违反规定须赔偿高额违约金

退出惩罚机制最常见的方法就是公司在入股合约中设置高额的

违约赔偿金。而且赔偿金的数额越大，对股东的约束性越强。当然，赔偿金也不能因此设置成“天价”，这样对小股东也是不公平的。最合适的价格是略高于股东退出将会给公司带来的损失，这样既能保护其他股东权益，又能让退出股东有所损失但不会无法接受。

需要注意的是，惩罚机制应当对所有股东有效，而不是只约束一部分股东。否则它就失去了公平性，反而不能起到约束股东的作用。这样也不利于团队建立信任感，会严重影响股东之间的合作，从而有碍于公司的发展。

综上所述，在公司没有任何问题的情况下，依照相关的法律规定，股东是不能在合约未到期时申请退股的，只能合法转让或向公司申请回购其股权，这是对其他股东利益的保护。

同样地，公司若因经营不善出现法定退股情形时，股东也可以无视合约期限申请退股，甚至向法院提起诉讼，这是对股东个人权益的保护。在公司清算结束后，对相应的债务退出，股东也要担负一部分责任，这是避免股东躲避债务，不履行责任。

所以，公司建立股东退出机制，是对公司和股东双向的约束，既不能让大股东压榨小股东，也不能让公司因股东的退出而受到恶劣影响。

第5章

合伙协议：把合伙人纠纷扼杀在摇篮里

为了避免经济纠纷，创业者应该与合伙人签订合伙协议、合伙章程或者有法律效力的权责合同。其中，签订合伙协议是最常用的一种方法。本章就为大家解读合伙协议，介绍一些应该注意的事项。

5.1 合伙协议的主要条款

合伙开公司必须要有完备的合伙协议，这个完备的合伙协议能够明确合伙人各自的权责，也可以作为团队成员利益冲突的有效解决方案。合伙协议的内容多元且复杂，例如，出资方式、出资额、合伙人的权利与义务、合伙的终止与清算等。

5.1.1 出资情况：方式与金额

合伙人的出资是公司的物质基础，所以在签订合伙协议时，要明确标注这方面的内容，具体包括出资方式和出资额。

1. 出资方式

我国《合伙企业法》第十六条规定，合伙人可以用货币、实物、知识产权、土地使用权、其他财产权利或者劳务等方式进行出资。其中货币与实物应当是合伙人自有或完全由自己支配、管理的。

合伙人出资的方式不一定相同，但是无论采用哪种方式，我们都要按照科学的比例进行折算，将其转化为相应的股权。下面来看一个案例。

公司年纯利润 8 万元以上，缴纳保证金 5 万元；公司年纯利润 8 万元以下，缴纳保证金 3 万元（公司纯利润核算本着公平公正原则，由甲方核算、乙方核对）。

乙方在签订之初向甲方交付足额的保证金，本合伙协议方可生效，在甲、乙双方按本合伙协议运作期满后，甲方将保证金无息全额返还给乙方，若乙方有违约行为则保证金甲方有权没收。

2. 出资额

对于合伙人的出资额，我们既可以通过全体合伙人协商的方式确定，也可以采用委托法定评估机构确定的办法。例如，某投资协议中就明确规定了出资额，具体内容如下。

合伙人出资额：合伙人以公司年销售额 0.5%—1% 的资金入伙，假设公司年销售额为 500 万元，总的出资额就是 2.5 万—5 万元。

最后需要特别注意的是，在签订合伙协议时，必须明确标注出各个合伙人的出资额以及对应的股权比例，以避免后期产生不必要的误会，造成各方损失。

5.1.2 红利分配与债务承担

公司所获收益在扣除经营成本、员工工资及奖金、公司日常运营支出以及税费等必要开支之后的部分为净利润，也称为公司的创收盈余，是合伙公司分配的重点。

在处理公司的创收盈余时，有些合伙人会希望将创收盈余留作公司经营用资金，有些合伙人则希望将其及时分配，以实现自身的即时收益。创收盈余具体如何分配应由公司内部协调，普遍做法是根据公司情况设置分配盈余数额的要求，达到要求之后即可实施分配。

如果公司在运营过程中产生的收入在减去各项必要支出后发生亏损的情况，且公司的合伙财产不足以填充该亏损，那么，造成的债务由各合伙人分别承担。

我国《合伙企业法》第三十三条规定："合伙企业的利润分配、亏损分担，按照合伙协议的约定办理；合伙协议未约定或者约定不明确的，由合伙人协商决定；协商不成的，由合伙人按照实缴出资比例分配、分担；无法确定出资比例的，由合伙人平均分配、分担。"

在合伙人承担责任时，有两点需要注意。

（1）如果某合伙人在公司经营亏损中有过错，应当根据其过错的程度承担更多相应的责任。

（2）如果在某退伙人的合伙经营期间出现亏损情况，但退伙人在退出合伙时未承担应偿债务，应承担相应的法律责任。

袁某与杨某合伙出资开了一家花店，其中袁某出资 15 万元，杨某出资 5 万元。双方在投资入股协议中约定：合伙经营期间，两人按照 5∶5 的比例分配利润和承担责任。两年后，花店拖欠债权人货款达 60 万元，袁某和杨某被债权人起诉，判决承担连带责任。

由于入股协议中约定两人利润与责任均五五分配，因此，即使杨某在合伙时只出资了 5 万元，也需要对 60 万元的债务承担一半的责任，即 30 万元。

5.1.3 出资、退资、股权转让

在新合伙人入资时要明确并承诺遵循以下四点。

（1）新合伙人入资时必须经全体合伙人协商同意。

（2）新合伙人入伙必须签署本合伙协议。

（3）新合伙人与原合伙人权利同等，承担同等的责任。

（4）新合伙人对入资之前合伙企业的债务承担连带责任。

合理的退出机制是合伙创业的重要保障。合伙人因为共同的创业理念或利益会聚在一起，但并不意味着会一直走下去。因此，创业者应该在合同中明确规定合作开始与结束的相关事项，这样才能在以后处理问题时有章程可依，尽量避免纠纷。

合伙人退资分为三部分，分别是自愿退资、当然退资和除名退资。

满足自愿退资的三种情形主要如下。

（1）协议约定的退资事由出现。

（2）全体合伙人书面同意后的退资。

（3）合伙人难以继续参加合伙项目，可以退资。如果因合伙人擅自退资并给公司造成损失的，应当承担其他合伙人的全部损失。

满足当然退资的情形主要如下。

（1）合伙人死亡或者被依法宣告死亡。

（2）合伙人被依法宣告为无民事行为能力人。

（3）合伙人丧失偿债能力。

（4）合伙人被人民法院强制执行在合伙企业中的全部财产份额。

满足除名退资的情形与条件主要如下。

（1）合伙人未按照协定履行出资义务。

（2）合伙人因故意或重大过失给合伙项目造成巨额经济损失。

（3）合伙人在执行合伙事务时有不正当行为。

（4）合伙人违反了合伙协议约定的其他事由，依照约定可进行除名。

当合伙人出现以上情形之一时，经其他合伙人一致同意，公司应当向被除名人下发书面通知，自被除名人接到通知起，除名正式生效。

合伙人退资后，该退资人的款项要按退资时的财产状况进行结算。

关于出资的转让，合伙人能够转让其在合伙企业中的全部或部分财产。在同等条件下，其他合伙人具备优先受让权。如果转让人向合伙人以外的第三人转让，第三人应按新入资的标准来对待，否则视为转让人退资。

5.1.4 权利与义务

在合伙协议中，我们要明确写出大家共同享有的权利以及共同承担的义务，具体可以从以下两个方面进行说明。

1. 两项共同享有的权利：共有财产权与合伙经营权

共有财产权是指合伙财产并非合伙人中的某个个人所有，而是由全体合伙人共有，另外，在合伙公司发展存续阶段，合伙财产仍然属于全体合伙人共有。

合伙经营权是合伙公司共同享有的另一项重要权利，主要分为以下四个方面，如图 5–1 所示。

图 5–1　合伙经营权的四个方面

（1）重大事务决定权。全体合伙人应该有一个共识：公司的日常事务可以交给业务执行人自主决定，而在处理重大事务时，则必须经过全体合伙人共同商定，才能作出决定。

合伙人对重大事务作出决定，要采用一人一票的办法，从而保证决定的科学和民主。当然，对于其他事务的决定，采用的方式通常比较自由，例如，绝对多数、简单多数等。

（2）合伙事务执行权。公司的合伙事务应由全体合伙人共同执行，但是在具体的合伙协议中，合伙人也可以明确合伙事务执行人岗位，这样不仅可以提升效率，还有利于保证决策的科学性。

（3）合伙事务监督权。合伙事务执行人虽负责具体事务的决策，但也难免会犯错误，此时就需要其他合伙人对其进行有效的监督。不过，如果其他合伙人的监督存在不合理的地方，合伙事务执行人也可以提出异议。

（4）利润分配请求权。公司经营的目的在于获得利润，因此，合伙人有获知利润分配情况的请求权。但是，在行使这项权利时，合伙人必须遵守合伙协议中的相关规定。

2. 两项共同承担的义务

权利和义务具有对等性。如果人人都只在乎权利，而不承担义务，那么公司内部必然会乱成一锅粥，经营也肯定会失败，所以，我们也要明确每个合伙人要承担的义务。

首先是出资义务。这是所有合伙人都要承担的首要义务。具体来说，合伙人要按照合伙协议中规定的方式、数额和期限出资，如果不这样，就要承担相应的赔偿责任。

其次是承担合伙事务的义务。这不仅是合伙人的一项义务，更是一项权利。合伙业务执行人应认真履行职责，按照合伙协议的规定，定期向其他合伙人进行工作报告，并接受其他合伙人的监督。

5.1.5 禁止行为

合伙企业在进行公司命名时要特别严谨和慎重，如果违反了相关法律规定，则会被责令限期改正并罚款。

在我国《合伙企业法》中，对此有着明确的规定。

（1）普通合伙企业的合伙人对企业债务承担无限连带责任。

（2）有限合伙企业的普通合伙人对合伙企业债务承担无限连带责任，有限合伙人以其认缴的出资额为限对合伙企业债务承担责任。

那么，合伙人应该如何对自己的企业进行正确的命名呢？国内各大律师事务所对此有较为一致的回复，即“普通合伙企业应当在其名称中标明‘普通合伙’字样。其中，特殊的普通合伙企业应标明‘特殊普通合伙’字样；有限合伙企业应标明‘有限合伙’字样，而不能标成‘普通合伙’、‘特殊普通合伙’、‘有限公司’或者‘有限责任公司’等字样。总之，合伙企业在名称标注时必须有‘合伙’二字”。

因此，创业者在为合伙企业命名时，一定要慎重，明确企业的类型并在名称中做好标注。在签订合伙协议时，也一定要写上企业的最终名称。

5.1.6 终止与清算

当合伙企业出现以下情况时，应终止运营。

（1）全体合伙人协商后，一致同意终止合伙关系。

（2）合伙期限届满。

（3）法定合伙人数不足。

（4）不能完成合伙事务。

（5）合伙企业被依法撤销。

（6）经营期间出现违法行为或其他原因导致的散伙。

在合同终止时，合伙人要对剩余财产进行清算。需选定一人或向人民法院申请指定清算人。在做好清算后，第一步要做的就是偿还各种债务，如拖欠的职工工资和劳动保险费用等。如果剩余的财产不能够清偿债务，不足的部分由合伙人按照经营时分红的比例进行偿还。

当公司结算结果为亏损时，所有合伙人应该遵循合伙协议约定的比例，进行财产的分配和债务的承担。在操作层面，合伙人要以自己的其他财产来弥补分到自己名下的亏损份额。如果在签订合伙协议时，并没有明确规定亏损的分担比例，则由全体合伙人平分债务。

如果企业经营持平，合伙人能够拿到自己的原始出资；如果企业盈利，则所有合伙人不仅能够拿到原始出资，还能够获得相应的分红收益。

例如，2021 年初，李某和张某在杭州合伙开了一家服装设计公司，由于公司发展很不顺利，经营一年后就出现了较大亏损。于是李某决定终止合伙。起初，张某不同意，劝说李某要有耐心，没有人是从一开始就能挣到钱的。

可是李某反问道：“自从合伙后，你就对公司事务袖手旁观，毫不放在心上，而我每天早出晚归，对公司的状况了解得很清楚。现在我们公司制度不健全，吸纳不了优秀的人才，员工工作时精神涣散，生意惨淡，如果照这样发展下去，我们会亏得更多。”

张某听后，非常自责，向李某道歉，试图挽留。

李某则明确地说出了自己的看法：“公司到了这一步，不只有你的责任，也有我的责任，我在管理过程中也存在骄傲自大的行为。这次合伙创业，让我知道自己还欠缺很多经验，所以我们还是终止合作，再各自历练，积累经验。”

经过这次深入的讨论，他们最终决定终止合作。而在最后清算财产时，他们发现公司亏损大半，为了偿还债务，他们还得自掏腰包。在负债的承担问题上，他们也按照当时的合伙约定，偿还了属于自己份额内的债务，这样，他们好聚好散，并没有产生利益纠纷。

在分配合伙财产时，我们要遵守公平公正、科学合理的原则，这样才能够做到好聚好散。

5.1.7 违约责任

因为合伙企业的性质特殊，所以通常需要众多合伙人一起治理。有关合伙企业的法律无法预测合伙人可能出现的违约责任，因此合伙人应在协商合作协议时作出明确规定。

（1）合伙人未按期缴纳资金的，应当对其他合伙人进行赔偿；在约定日期过后仍未缴足出资，对其进行退伙处理。

（2）合伙人未经其他合伙人同意转让股权，但其他合伙人不愿接纳新的合伙人，可按退资的方式处理转让的合伙人，同时转让的合伙人必须赔偿其他合伙人因此造成的各项损失。

（3）合伙人私自挪用在合伙企业中的股权份额或公款，由此给其他合伙人造成损失的，必须赔偿其他合伙人因此造成的各项损失。

（4）合伙人因严重违反协议或违反《合伙企业法》，导致合伙企业解散的，必须赔偿其他合伙人因此造成的各项损失。

（5）合伙人违反协议，而且不听其他合伙人的劝阻，可由其他合伙人集体决定除名。

因合伙协议引起的一切争议，合伙人之间须遵循共同协商的原则进行处理；如果协商不成，可以通过诉讼手段解决。

5.2 合伙协议纠纷案例解析

很多时候，如果没有实际案例的支撑，创业者并不能明确感受到合伙协议的约束性与重要性。因此，本节精选四个案例，在介绍基本案情后，通过法院裁判结果更直观地为创业者展示合伙协议在发生纠纷时的作用。

5.2.1 合伙协议纠纷案例一

基本案情

2016 年，原告张某、王某与被告巩某签订《股权转让协议书》，约定巩某将其持有的某煤矿股权中的 50% 转让给张某和王某。事后，张某、王某向巩某支付了大部分转让款。

2021 年，某煤矿将其全部资产转让给某有限责任公司，剩余 20% 未支付。

之后，因原、被告之间就如何分配盈余未达成协议，故原告直诉被告要求按照股权比例进行盈余分配。

张某、王某认为，他们已经按照要求支付了大部分转让价款，是某煤矿的合法股东，理应按股权比例享有相应的盈余分配。因此要求被告支付盈余分配。

被告巩某认为，某煤矿不论是作为公司还是合伙企业，都没有达到进行盈余分配的条件，而且原告王某没有支付全部转让价款，他的股权应按照实际出资比例计算。

裁判

（1）法院认为，某煤矿由于全部资产已处置，现虽未进入清算程序，但实质上已处于停业状态，应视为实际已达到盈余分配条件。因此，盈余分配条件已成立，可依据各自的股权比例对补偿款进行分配。

（2）王某虽未支付全部转让价款，但不妨碍其成为股东并享有相应的股权比例。其未支付价款行为违反了转让协议约定，应由巩某向其追讨违约责任，或在其应得盈余分配款中扣除给予巩某。

案例启示

法院判案并非完全按照法律规定进行裁判，当公司已进入实质清算状态时，公司大股东或实际控制人不能以股东会决议未同意为由，不进入清算程序。

5.2.2 合伙协议纠纷案例二

基本案情

张某和李某两人为好友，2020 年两人按约定各出资 10 万元成立了一家合伙企业，经营珠宝加工和销售生意。然而合伙企业运作不到一年就因为经营不善严重亏损，欠债 50 万元。张某因其他投资项目失败而没有任何财产，而李某尚有存款 100 多万元。

张某和李某均为合伙人，对企业亏损负有责任，在李某有能力偿还的情况下，债权人要求李某全额偿还所欠债务。

裁判

合伙企业对外债务承担连带责任，因此 50 万元的债务不能因为合伙企业的“资不抵债”、倒闭而免除，合伙人必须清偿所欠债务。

债权人有权向张某或李某任何一个人追讨，如张某无力清偿债务，那么李某就必须全额还债。至于李某多清偿的债务，只能在日后另行向张某追讨。

5.2.3 合伙协议纠纷案例三

基本案情

被告李女士在2020年以投资者身份登记开一书店，其中被告李女士、黄先生与原告董先生均为书店经营提供了资金与精力，三人共同经营书店，有采购资料为证。由于大家认为都是朋友，彼此值得相信，因此三人并没有签订明确的书面合伙协议。

原告董先生称，因经营理念产生分歧，被告李女士与黄先生不再承认原告董先生合伙人的身份，并不再让其参与书店管理。无法协商之下，原告董先生只能选择起诉，请求法院确认自己书店合伙人的身份。

被告李女士与黄先生辩解称，两人才是书店的合伙人，原告董先生只是关系好的朋友，采购单也是由两人出资，原告董先生帮忙采购。由于没有合作协议，原告董先生才信口雌黄，想趁机取得一些好处。

裁判

我国相关法律规定，审查原告董先生是否履行出资义务，即可判定原告董先生是不是书店的合伙人。

原告董先生提交了被告李女士亲笔书写的关于书店共同财产及

三人出资数额使用情况等说明，另外还有书店购货合同及凭证。被告李女士亲笔书写材料中对合伙财产、合伙人出资情况表达明确，据此可以证实原告董先生已经履行出资义务并和被告黄先生、李女士共同经营书店的事实，三人存在合伙关系。

被告李女士对书写的三人出资情况无法作出合理解释，被告黄先生提供的银行流水也无法与书写材料中记载的原告董先生支出费用相对应，故法院依法确认原告董先生为书店的合伙人。

案例启示

很多创业者的合伙人是朋友或亲属，出于对对方的信任，在合伙创业时经常出现不设立合伙协议或协议内容模糊的情况，导致最后出现问题时众说纷纭。彼时如果没有保存完善的证据，法院很难作出正确的评判。因此，为了减少合伙纠纷以及亲朋好友之间怒目相见的情况，合伙人在合伙创业之初就应该协商完整的合伙协议，明确规定各自的出资方式及出资额、所占比例、分配利益与承担责任的方法等一系列重要事项并落实到书面上。

5.2.4 合伙协议纠纷案例四

基本案情

李某三兄弟合伙成立了一家电镀厂，工厂属于合伙企业性质。2020 年 5 月，李某三兄弟的朋友王某加入工厂，大家协商后签订协议，约定王某用劳务出资，占 5% 的股权并分取相应利润。2021 年 3 月，工厂因经营不善出现 200 万元债务，需要清偿欠款，由于合伙人之间承担连带责任，王某对内承担所占股权比例的债务。

裁判

王某虽然提供的是劳务，但签订的是合伙协议，以劳务入股并在协议中将劳务折算为5%的股权，因此王某为公司合伙人，应对工厂的亏损负责，承担相应责任。

案例启示

合伙企业可以劳务出资，出资人签了入伙协议即认定为合伙人，在企业亏损时需要承担连带责任。

第6章

选择合伙人：优秀合伙人是事业成功的基础

创业者在寻找合伙人时要慎重，从多方面进行考核，寻找的合伙人不仅要志同道合，更要有过硬的专业背景；同时创业者也要充实自己，在遇到有能力的合伙人时勇于推销自己，并努力通过对方的考核。寻找合伙人是一个双向的、伴随着考验的过程，一旦互相确定了对方，就将彼此的利益与前途绑定在了一起。因此，创业者应该保持耐心，慎重选择合伙人。

6.1 选择志同道合的合伙人

创业者需要找到志同道合的合伙人。创业者与合伙人的创业目标、方向一致为“志同”；经营思路和策略能够求同存异，没有根本性、不可调和的矛盾为“道合”。创业者在选择合伙人时，如何将“志同道合”的标准具体落实，下面进行详细介绍。

6.1.1 乐于付出，不爱计较

创业者在寻找合伙人时，奉献精神是非常重要的考察因素。在创业过程中，创业者与合伙人不可避免地会产生摩擦，有时需要一方让步来维护公司的利益；当公司出现失利、亏损的情况时，创业者与合伙人也要承担起相应的责任。一个有奉献牺牲精神的合伙人会以公司利益为先，不吝惜付出。

如果合伙人将自己的私利看得高于公司利益，遇到问题时首先想着如何保全自己的利益，很明显不利于公司解决问题，有时甚至会因此让公司陷入更大的危机之中。对于这种只在乎自己的利益，不在乎他人付出的合伙人，创业者要将其从选项中排除，否则会为公司带来无尽的隐患。

有奉献牺牲精神的合伙人可以与创业者同甘共苦。合伙创业的优势是帮助创业者分担责任、降低风险。但是，如果合伙人在面对风险时选择退出，毫无疑问是将创业者置于风暴中心，最后导致公司分崩离析、创业者与合伙人对簿公堂的局面。具有奉献精神的合伙人不会抛弃同伴，而是选择与对方共渡难关。

有奉献牺牲精神的合伙人会重诺守信。重诺守信不只是创业者对合伙人的考量，也是做人最基本的道德要求。合伙人拥有公司的高级权限，可以查看公司内部所有的技术秘密、人员档案等信息。一旦合伙人在利益的驱使下不守承诺，选择损害公司利益，公司的未来显然一片黯淡。

有的合伙人之所以会背信弃诺，是因为外部的利益大于心中对承诺的在意。当合伙人选择用损害公司利益换取个人利益时，创业者肯定想与其解除合伙关系。创业者与合伙人解除合作关系会牵涉各种的流程，甚至会引起纠纷，这会使公司消耗极大的元气，也会让公司内部人力、物力等方面遭受不必要的损失。

有奉献牺牲精神的合伙人会全力拼搏。在一个公司中，每个人的能力不同，有的人擅长培养员工、有的人擅长市场营销、有的人擅长财务管理等，员工们的能力彼此补充，支撑着公司正常运作。

有奉献精神的合伙人知道自己的长处，不会吝惜使用自己的能力，也不会抱怨自己的工作。无论在哪个岗位，只要能对公司有帮助，合伙人都会努力工作，最大限度地发挥自己的能量，为公司带来最大化的收益。

有奉献精神的合伙人会以身作则，做出良好的榜样，带领员工发挥自己的价值，创造整体大于部分之和的效果，这种合伙人是创业者梦寐以求的合作伙伴。

6.1.2 取对方的长处补自己的短处

合伙创业不是儿戏，而是创业者人生很重要的一件事情。找合伙人更需要智慧。在找合伙人时，创业者最理智的做法就是找到能够迅速融入团队、能与团队成员形成优势互补的人。这样，创业团队才能够形成一股合力，达到“1+1 > 2”的团队效果。

其实，许多创业团队都很羡慕《西游记》中的“取经人”团队，认为这是合伙创业中一个较为理想的团队。虽然每个取经人员都有各自的缺点，但是他们能够为了整体的利益，克服自身的缺陷，发挥各自的优势，屡次战胜路上的各路妖魔鬼怪，最终求取真经。

创业者可以根据团队的需要，根据公司发展的需要，选择最合适的互补型人才。整体来看，互补性人才分为三种，分别是管理风格互补、性情互补和技能互补。

对于管理风格而言，不同的人，其管理风格也会大相径庭。而团队中的成员所能够接受的管理风格也各不相同。所以，如果团队内部只有一种管理风格，团队管理就会缺乏灵活性，某些不喜欢这种管理风格的员工就会选择离职，从而导致团队人才流失，不利于团队的迅速扩张与发展。

此时，公司的创始人员就应该努力寻找与自己管理风格不同的管理人员。用他们的优秀管理方法，来带领、塑造整个团队，最终为公司打造出一支有创意、有才干、有执行力的铁军。这样，公司的竞争力才会大幅提升。

性情互补的人在同一个团队中，能够减少团队决策的失误。如果团队的创始人员个个都像猛张飞，性格火暴，容易冲动，则必然会在其工作中出现很多决策上的失误；相反，如果团队的创始人员中既存在像刘备一样温良谦恭的管理者，又存在像关羽一样忠心耿耿的执行者，还存在像诸葛亮一样才智出众的策划者，那么创业队伍做事必然会更加细致，其决策的失误率也会更低。

技能互补的人在同一个团队中，能够保持团队的高效运转。如果团队和合伙人都是技术大咖，不懂得运营，那么团队可能会出现产品技术含量高，但是销售却不好的状况；相反，如果团队中存在的都是会运营的人士，而缺乏核心的科技人才，那么产品就不能得到升级迭代，团队发展自然也会被葬送。

创业者需要找一个能够弥补自身不足的合伙人，与自己保持同步，通力合作，只有这样才能在公司发展遇到问题时，实现优势互补，寻找出解决问题的新思路和新方法，最终形成组合力量，增强公司的整体竞争力，实现合伙创业的成功。

6.1.3 对潜在联合创始人进行测试

在邀请联合创始人之前应该先对其进行了解和测试，以此来确定彼此之间是否能够擦出火花。许多经历过合伙创业的人都有着类似的看法：一家初创合伙公司成功的关键不只是有优秀的人才，而且是其团队合伙人有着科学的分工、密切的协作和高效的团队执行力。

那么我们如何对联合创始人，进行高效测试呢？这里为大家提供了三种检测联合创始人的方法，如图 6–1 所示。

图 6–1　测试潜在联合创始人的三种方法

方法一：能力测试法

这主要考核潜在合伙人的核心技能。如果创业者要找一个技术合伙人，那么他就需要根据业内相关的标准，对这位合伙人的能力进行综合的评价，或者深入了解他之前的技术成就和技术创新能力。如果创业者要找一名运营合伙人，那么他就要对对方的从业历史以及成功的经验有深刻的了解。

例如，上海的一家房地产公司在找事业合伙人时出现了明显的失误，最终导致其销售业绩一路下滑。该房地产公司的创始人曾在房产销售不好的情况下，决定效仿大公司进行合伙人制度改革。这样的思路本来没有问题，但是其在具体的执行层面却出现了严重的错误。

起初，该房地产公司的董事会邀请了公司内部的多名中层管理人员入股，成为公司的事业合伙人，此举虽然能够增加他们工作的积极性，可有些管理人员的眼界不够开阔，格局较小，能力较低，因而在很多重大事情的决策上，都是盲从于董事会的决策，缺乏主见。最终并未使公司的销售业绩得到提高。

后来，鉴于此种情形，董事会决定从外部引入更优秀的职业经理，作为公司的合伙人。他们仍然用合伙制的方法引入了一名业务娴熟的房产经理人。这种优秀人才的引入，为公司提供了新鲜的观点和新鲜的血液，其销售业绩也逐渐上升。

方法二：性格测试法

创始团队在招人的时候，必须深入了解合伙人的性格特征，例如，是否能与团队内的其他合伙人形成互补，是否具备感召力，能否带领团队完成目标。只有具备这样性格特征的合伙人，才可以使公司的发展少走弯路。

方法三：细节测试法

这种方法重点考察合伙人业务管理的细致力。如果创业团队要找一名专业的财务合伙人或人事管理合伙人，都可以利用这一方法。例如，在选择人事管理合伙人时，要注重他的外在形象，以及他日常的行为习惯以及做事方法。通过对其耐心细致地观察，最终决定是否与其展开深度的合作。

如果创业团队成员能够拥有良好的沟通能力和协作技巧，则必然可以将许多问题扼杀于摇篮之中。在选定潜在联合创始人的时候，创业团队要根据岗位的要求和实际状况，用最合适的方法，找到最合适的人选，把合伙人制度的优势发挥到最大。

6.2 “硬实力”至关重要

创业者在寻找合伙人时，不仅要在意精神上的共鸣，更要看重对方的“硬实力”，有实力的合伙人才能与创业者一起并肩作战。创业者在考察合伙人的实力时，可以从合伙人实际操作的项目经历、拥有的核心资源等方面询问了解。

6.2.1 经验：合伙人经手过的项目

创业者在寻找合伙人时，相比工作经验，应该更重视对方的项目经历。一个人的工作经验反映的只是他之前的工作内容，但项目经历不仅能展现他在工作中的实际动手能力，更能体现他在其专业领域的水平。

在与合伙人进行交谈时，创业者应该多引导对方讲述工作中的项目经历，如是否独立操作过项目、在项目中扮演的角色等，通过这些答案可以了解对方对其工作领域的掌握程度与遇到危机时的解决能力。

创业者应根据未来公司将要展开的工作，从合伙人的项目经历中选取相关度较大的项目让对方讲述。创业者应通过合伙人的表达，判断在项目过程中合伙人承担的工作是否具有不可替代性，思考合伙人在遇到问题时的解决思路及实施方案是否具备核心竞争力。

一般来说，创业者在与合伙人交流项目经历时，用STAR法则来收集信息会比较精准。“STAR”是Situation（情境）、Task（任务）、Action（行动）、Result（结果）的首字母组合，通过对项目发生的情境、合伙人对任务的明确性、采取的行动、获得的结果这四步的剖析，创业者能够精确预测对方在未来合作时会有怎样的表现。

创业者需要认真聆听合伙人对项目经历的表述。同样一件事，一个人有层次地一步步展开讲述和想到哪里说到哪里最终表现出的结果是完全不同的。当合伙人能条理清晰地将项目经历娓娓道来，每个核心步骤都讲述得简单易懂时，传达出的是其优秀的逻辑思维与语言表达能力，这也是合伙人在工作交谈中必不可少的能力。

创业者应根据自己的经历，辨别合伙人在讲述项目经历中创造的形象是真实的还是为了提高形象而虚构的。有些人会将项目经历中其他人的功劳归到自己的名下，但由于不了解具体工作内容，只要创业者稍加追问就会露出马脚。真实与真诚是合作的基础，对项目经历造假的合伙人，创业者需要谨慎对待。

6.2.2 资源：合伙人的突出价值

观察合伙人提供的资源是创业者判断和筛选合伙人需要注意的重要问题之一。创业者应当让合伙人将承诺提供的资源写下来，保证其落到实处。优秀的合伙人可以给你介绍很多人，有可能对你的项目发展起到关键性推动作用。

孙某成立了一家风投机构，初期有3位合伙人、10多位全职职工，管理超过1亿美元的资金。孙某积极参与投后管理，为创业公司提供各种资源。他每年都会参加各种类型的CEO、CFO和CTO的年度峰会。这些峰会会邀请大量的投资者及被投公司。

孙某参加此类活动的目的是为公司引入1位合伙人，因为公司目前在获取创业者资源上比较吃力，他希望引入的这位合伙人有丰富的创业者资源以及经验。如果被引入的合伙人拥有丰富的经验、人才等资源，并积极为创业者提供增值服务，那么在圈子里的名声一定不会差。所以，在寻找的过程中，孙某一是自己去寻找，二是通过朋友推荐。

在与潜在的合伙人联系之后，孙某都会要求对方提供一些被投公司的名单，并联系被投公司的创始人去核实情况。因为有些人为了成为合伙人会刻意夸大自己的成果。

同时，孙某会要求对方将能提供的资源写在纸上，并将自己需要的核心资源与对方进行匹配，如果能匹配上就可以进入下一步考察。

6.2.3 人品：合伙人为人处世的情况

能参与创业合伙的人有很多，但真正能与伙伴同甘共苦的人却寥寥无几。在我们的生活中也有很多“过河拆桥”的人，有的人利用合伙人的优势让自己的事业走上轨道后，就收购其股权，将其抛弃。一旦与这样的人合作，创业者的努力很可能就会被其破坏，付诸东流，甚至沦为别人创业的工具。因此，选择合伙人时，一定要把人品放在第一位。

如何判断合伙人的品行好坏呢？最佳的办法就是走进他的朋友圈，看他的朋友、同事对他的评价和看法。具体来说，在关注所要选择合伙人的朋友圈时，要从以下五个品质了解他的品行，如图6–2所示。

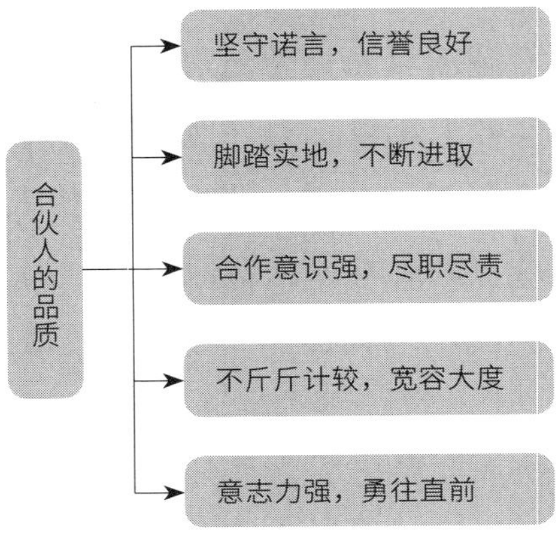

图6–2　合伙人应具备的五个品质

第一，合伙人要坚守诺言，信誉良好。企业在成立之初，应坚守诺言，建立良好的信誉。一个人的良好信誉，是走向成功不可缺少的前提条件。在公司创建初期，诚信起着至关重要的作用。如果合伙人不守信用，反复无常，往往会给公司带来毁灭性的打击。

第二，合伙人要有脚踏实地，不断进取的精神。在优胜劣汰、适者生存的商业竞争中，一个不思进取的人早晚会被淘汰。创业者拥有一个务实、脚踏实地、肯干能吃苦的合作伙伴，就会使公司变得更强更大。同时，创业者还要让合作团队时刻保持旺盛的生命力，不断地让优秀的合伙人加入，不断新陈代谢，保证自己的创业团队是最优秀、最有战斗力的团队。

第三，合伙人的合作意识必须强，要尽职尽责。事业成功不是一个人单打独斗就能实现的，需要很多人通力合作，合作意识强的合伙人会让工作更加有默契。拥有合作精神的合伙人不需要创业者与之进行太多交流，可能创业者的一个动作、一个眼神，他们就能心领神会。

第四，合伙人要不斤斤计较，要有宽容大度的品质。斤斤计较的合作者总是把辛苦的工作推给搭档，自己拣轻松的做。选择一个宽容的合伙人，会让合作变得很和谐。宽容的合伙人能够按照公平分工的协议，坚决做好本职工作。有时搭档病了或者有急事抽不开身，其愿意为搭档多分担，自己多做一些工作。他们大度没有私心，总是把合作所得利益放在首要位置，也不会私下独揽了工作成果，将所有利益归己。

第五，合伙人要具备意志力强，勇往直前的特征。找一个意志力强的人合伙创业，创业者不仅会轻松很多，而且创业道路也会变得更加顺畅，即使在创业过程中遇到困难，只要与其齐心协力，便能共渡难关。反之，如果找一个意志力薄弱，遇到困难就想打退堂鼓，总是让人泄气的人合伙创业，创业者是很难成功的。

6.2.4 目的：合伙人参与创业的原因

在进行合伙创业前，创业者一定要与合伙人形成思想上的统一。除了人品与能力，创业者还要重点关注合伙人的创业动机。一般来说，由于人们的创业动机不同，创业者可以分为以下三种：主动式创业者、被动式创业者、空想式创业者。

主动式创业者有着强大的创业激情，他们清楚地知道自己的目标和方向，也知道自己的能力与长处；他们不畏惧困难和挑战，享受在创业路上披荆斩棘的快感，甚至更在意过程中的收获而不是结果，因此更能从中获得经验与反思。

有能力、有目标的主动式创业者是合伙人的理想人选，如果创业者与他们的创业理念与价值观等一致，一定要将他们拉拢到身边。但这样的人毕竟少见，因此，当创业者遇到暂时没有开发出能力或资源，但有激情、有勇气、有魄力的主动式创业者时也要注意保持联系，他们都是待开发的宝藏。

被动式创业者多是由于外界因素如家庭负担或工作失利，为了谋生迫不得已选择创业。虽然被动式创业者在主观上并不积极，但客观因素逼迫他们必须埋头苦干、背水一战，因此他们能吃苦、有冲劲，对胜利的渴望支撑着他们一直前进。被动式创业者一旦决定成为一个项目的合伙人，一定会认真负责，努力保障项目的成功。

空想式创业者是指对当前生活不满意，盲目放大创业成功后的利润却忽视背后的凶险，梦想着创业但没有具体的规划，一腔热血只是在想象中翻滚的一类人。现实中这一类创业者占多数，他们大多喜欢纸上谈兵，当鼓足勇气迈出创业生涯的第一步后，很快发现现实与想象不符，然后轻易退出，这种行为作为合伙人是最忌讳的。

创业者在选择合伙人时一定要深思熟虑，一旦选定，对方就是以后一起扶持的伙伴、并肩作战的战友。创业动机是创业者做事的出发点，决定着他以后遇到问题的态度以及解决方式，是作为合伙人必须查验的重要因素。

6.3 如何说服优秀合伙人

找到有能力又志同道合的合伙人后，创业者需要展示自己的实力来吸引对方入伙。在这过程中，创业者可以积极推销自己，向合伙人展示公司的发展前景，许诺合伙之后合伙人能得到的利益等行动，如果到最后合伙人还是犹豫不决，创业者应该不再勉强对方。

6.3.1 展示成果，凸显实力

创业者与合伙人的选择是双向的，当我们以自己的标准去审视对方时，对方同样在打量我们作为合伙人是否合格。想要说服有能力的人合伙，创业者要敢于并善于推销自己，用实力赢取机会。不论创业者的能力有多强大，产品概念有多先进，项目设计有多优秀，如果不能表达出来让对方听到、听懂，那么你所作的努力就没有意义。

创业者的实力是由过去的经历积累沉淀得来的，可以在交涉中让实力为自己说话。但是，创业者的能力虽然是客观存在的，却无法在与合伙人的短期接触中完全展现。因此，实际上影响合伙人评价的是创业者在自我推销中所创造出的形象，展现出的思想、风格与做事态度。

创业者向合伙人推销自己的目的是达成彼此思想上的一致，统一对未来项目的规划。因此，推销过程中创业者不能刻意隐瞒公司的弊端，不能肆意夸大案例，这是对合伙人的不尊重，而且即使依靠谎言成功招揽到对方，也给未来的合作埋下了隐患。

因此，在推销自己的过程中创业者要做到以下两点。

（1）态度要真诚，如实表达自己的工作能力、公司的项目前景，不要过分夸张也不要过于谦虚，自我评价要恰如其分、不卑不亢。

（2）全面、客观地介绍自己过去的经历与未来的打算，诚恳地表明对合伙人的期望。讲述过去经历时不一定要对失败方面避重就轻，坦然介绍失败经历以及自己从中获得的经验与蜕变也能让合伙人对自己有更多了解。

在自我推销的过程中，创业者要始终保持积极肯定的态度。一个人的潜意识并不会去分辨观念的真假，如果创业者在潜意识中植入自信的观念，并不断进行自我暗示，那么这种自信的思维方式就会形成本能的条件反射。

在自我推销中创业者要尽量保持积极的情绪、避免消极的情绪，因为情绪会在交谈过程中传递，对方会不自觉地接收你的情绪并在一定程度上影响自己的判断。对合伙人来说，拥有浑厚的实力、详细的创业经历又积极乐观的创业者，无疑是一个优先的选择。

6.3.2 用商业计划书吸引对方

一份优质的商业计划书（Business Plan）是创业者敲开资本大门的重要钥匙，也是能让合伙人信服、选择合作的开端。制作商业计划书的过程是对企业的一次全面体检，创业者首先需要认识到企业的优势是什么，存在的问题是什么。与同行业以及竞争对手进行横向比较时，创业者应站在更宏观的角度去思考企业改进的方向。

对于企业中存在的问题，创业者在制作商业计划书时不应予以隐瞒，在向合伙人展示讲解计划书时也应该坦诚，如此才能获得合伙人的信任。面对有能力的合伙人，创业者也可趁机进行请教，引导合伙人以局中人身份进行思考、探索公司未来发展的可能性，在交流过程中引起合伙人对项目的兴趣，拉近与合伙人的距离。

商业计划书中计划是中心，探究计划的可实施性与发展性是贯彻的主题，创业者在对产品不够了解，对市场不清楚，对企业发展毫无头绪的情况下是写不出来的。因此，创业者只有在加强自身能力的基础上才能做好商业计划书，吸引更有能力的人一起合伙。

在编写商业计划书的过程中，创业者要注意以下几点。

第一，不要太在意自身的利益。在分配利益板块不要语言含糊、模糊重点。不论创业者的策划思路或项目多么优秀，都只是一个还未执行的想法，如果创业者想要招揽合伙人，需要明确说明项目能为合伙人带来多少利益。相反，如果创业者在利益相关问题上模糊，只会给合伙人留下不好的印象，自然也不会有人想要与之合作。

第二，商业计划书不能太空洞。创业者在编写商业计划书时应认真研究数据，保证计划翔实，不然一堆空泛的数据拿出来，只会让合伙人觉得受到了糊弄。没有数据和实际计划支撑的商业计划书无法吸引优质的合伙人。

第三，商业计划书要求计划详尽，可行性强，回报率高，退出合理，对编写人有很高的要求。因此，能够拿出一份优秀的商业计划书，说明创业者具备较高的商业素养，熟悉主流的商业模式，并能通过分析大量的数据推敲出一定的结果，是当之无愧的商业精英，这正是吸引合伙人的重点之一。

6.3.3 给出盈利方案，让对方有利可图

面对心仪的合伙人，创业者应拿出诚意，而表达诚意最好的方式就是站在对方的立场为对方着想，给予对方能力范围内最大的利益。

合伙创业的本质是集结创业者与合伙人的优势来谋取更大的发展空间，共同抵御风险，分担责任，可以说是有福同享、有难同当。

而在创业之初，合伙人可能看不到实际的利益，承担的风险却很明确。因此，只有在利益得到保障的前提下，合伙人才能全身心地投入工作中。

在向合伙人发起合作请求时，创业者应该向对方讲解清楚合作事项，让合伙人对自己将要做的事有清楚的了解，这是对合作者的尊重。很多创业者只看到自己想从合伙人身上得到的东西，却不在意自己能给予对方什么，不解决合伙人的诉求问题，合作自然也无法达成。

很多创业者在谈合作时，单刀直入地只讲自己的项目，展望有了合伙人的加入项目会多么如鱼得水，觉得对方应该立刻被打动并主动选择加入，这样的思维逻辑是典型的站在自己的角度、忽略合作方意愿的例子，只会招来对方的反感。

创业的路上并不是一帆风顺的，利益总是伴随着风险。不同的人对风险的承受能力不同，因此，合伙创业中很容易出现变数。如当企业出现危机时，牵涉利益较多的合伙人为了保住自身利益想要退出；当企业发展趋势好时，贡献力量最多的合伙人提出想要更多的回报等，这些都是合伙人的正常需求。

在选定了合伙人后，创业者就要综合考虑合伙人的个人因素，站在对方的角度思考其对风险的承担能力，把握合作的规律，为其制定公正的利益分配机制。创业者能够在一定程度上保障合伙人的权益，聚焦互惠互利的双赢策略，才能让合伙人无后顾之忧，愿意入伙。

6.3.4 平等合作，不勉强对方

创业者想要寻觅一个各方面都契合的合伙人是很难的，所以很

多创业者一旦遇到合适的合伙人便会用尽一切办法争取过来，更多创业者则是就近在亲朋好友中选择合伙人。但不论合伙人来源于哪里，创业者都需要注意，如果再三争取后，对方仍对合伙创业的请求犹豫不决，那就不要再勉强。

合伙人的自身素质与对合伙项目的态度很大程度上决定着创业能否成功，一个优秀的合伙人需要与公司有一致的目标，做事时有担当、能扛事、敢拼搏，对内能带动员工的热情，而这些素质在一个犹豫不决的合伙人身上是无法体现的。

创业者与合伙人在日常事务的处理上可以有不同的看法，但在公司的终极目标上应该保持绝对的一致。而一个犹豫不决的合伙人本身对项目目标具有不信任感，这样的心态无法支撑合伙人全心全意地朝着目标努力。

合伙创业需要的是大家一起努力拼搏，但如果合伙人一开始就犹豫不决，心中放不下对未来的担忧，那么即使参与进来也只会束手束脚、遇事举棋不定。如果公司能够获得良好的发展，或许能暂时稳固合伙人的心；但一旦发展出现问题，合伙人就会想到当初自己的犹豫，思考退路，这样的心态十分不利于公司发展。

创业者与勉强入伙的合伙人很难建立真正的伙伴关系。由于合伙人对项目不够认可，心中有强烈的不确定性，所以会时刻处于一种游离的旁观者视角，无法全身心投入工作中，这样不仅自身效率很低，也会降低员工工作的信心。

创业者与合伙人都对员工有着很大的引导作用。对于员工来说，创业者与合伙人都是公司的领头人，一旦合伙人不能付出百分之百的努力去拼搏，员工就更没有发奋的理由了；如果遇到问题时合伙人第一时间想撤退，这样没有担当的行为也会引发员工的恐慌。毕竟如果合伙人都无法信任自己的公司，员工又如何去相信未来呢？

好的合作应该是创业者与合伙人齐心协力，在彼此的帮助下挣脱自身的束缚、一起发挥更大的能量，共同打造出优秀的公司。而如果合伙人在参加时就犹豫不决，那么不仅是合伙人自身，所有人的努力都会大打折扣。因此，创业者在寻找合伙人时一定要慎重，遇到犹豫不决的合伙人不要勉强。

中篇　员工激励

ZHONGPIAN　YUANGONG JILI

第 7 章

股权激励作用：维持企业的长期战略

股权激励是目前很多公司会采用的激励员工方法之一，但很多不了解的创业者对将股权“分出去”的行为有本能的抗拒，认为这会损害自己的利益。事实上，股权激励不仅不会损害创业者的利益，反而会为公司和创业者带来更大的收益。

7.1 为什么要进行股权激励

创业者通过实施股权激励，能将员工与公司的利益紧密联系在一起，激励员工鼓足干劲与公司一同进步。本节将剖析股权激励的本质，讲解股权激励的优势。

7.1.1 股权激励的本质是什么

从定义上来看，股权激励是公司拿出部分股权来实现激励效果的一种方法，但实际上，它的使用还有更深层次的原因，具体可以从以下两个方面进行说明，如图 7-1 所示。

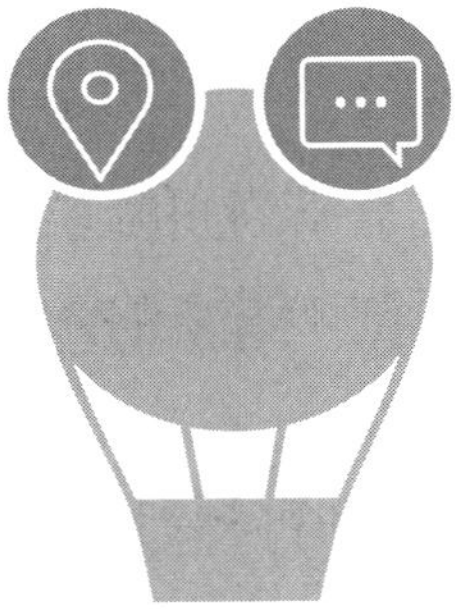

图 7-1 股权激励的本质

1. 股权激励分的是增量而非存量

对于股权激励，不少公司都会走进这样一个误区：股权激励是将管理者的股权分给优秀员工，即分的是“存量”。除此以外，很多不了解股权激励的管理者也会认为，如果实行了股权激励，自己就会损失很多既得利益。

例如，创始人早期掌握着 100% 的股权，获得的盈利都会到自己的口袋里，但如果要把股权分给员工，拿到的盈利肯定要比之前少很多。其实，这样的想法有失偏颇。

股权激励分的不是存量，而是增量。例如，公司原来可以获得 100 万元的盈利，如果员工把盈利增加到 200 万元，那么拿出 30 万元分给员工又何妨？股权激励是通过激励员工努力工作，使业绩获得提升后，将增加盈利的一部分拿出来分给员工。

总之，从本质上来讲，股权激励对应公司的成长和发展，只有公司获得了更加丰厚的盈利，员工才会分得股权。

2. 股权激励建立利益共同体

在使用其他方式的激励时，公司未来的利益和风险并不能真正打动员工，因为他们分享的依旧是现有利益。但是，股权激励则将二者的利益真正绑到了一起。

员工获得股权，成为股东之后，公司的发展就与他们有了紧密的联系，而且还会在很大程度上决定他们未来的收入。股权激励把员工和管理者变成真正的利益共同体。

对于员工来说，股权是一个纽带，可以将自己与公司的利益紧紧绑在一起，这有利于让他们积极、自觉地为实现公司既定目标而努力工作，使公司充分挖掘出人力资本的潜在价值，从而最大限度地提升监督效率。

7.1.2 将员工利益和公司利益挂钩

由于股权激励直接将员工利益和公司利益挂钩，所以他们就会自发地努力工作，这一方面使公司的业绩得到了增长，另一方面也降低了管理成本。

以地质行业为例，由于该行业大多数员工都在野外进行工作，条件十分艰苦，所以公司要进行管理的话会比较困难，这也造成了员工队伍不稳定的窘境。

随着时代和社会的发展，地质行业员工的经济意识也逐渐增强，传统的管理制度不再适用，新的管理制度必须“上台”。例如，某地质勘探公司为加强员工管理，引进了股权激励政策，经过一段时间的实践后，员工的离职率变低了，管理上的成本也降低了许多。

不仅如此，在实行了股权激励五年之后，该地质勘探公司还实现了规模的扩大，并建立起了一支骨干队伍，在团队管理上也有了自己的独特经验，为以后的长期稳定健康发展奠定了基础。

从这个案例可以看出，作为一种激励手段，股权激励直接将公司的前途和员工的利益绑在一起，能够让员工变得更加自觉，从而降低公司的管理成本。

对于中小公司来说，因为资金尤其是现金流非常有限，难以开出较高的薪酬，所以员工的流失率通常会比较高。而如果利用股权激励，公司不仅不需要以高薪酬作为代价来留住员工，还能够让他们自愿发挥出自己的潜力，作出更大贡献。

7.1.3 股权激励和股权奖励有什么区别

很多公司在引入股权激励时，经常会将其和股权奖励画上等号，这样做的结果往往是，把股权分给了员工，却并没有得到预期的效果，最终落得个人财两空的结果。

北京一家公司的总经理刘某是管理者之一，经过近五年的努力工作，该公司终于获得了良好发展。总裁孙某为了感谢刘某为公司作出的贡献，也为了激励他再接再厉，给了他 10% 的股权。总裁孙某认为这就是各种媒体宣传的股权激励，并打算在刘某的业绩进一步上涨后对所有员工推行。

然而，最后的结果却让总裁孙某大跌眼镜：刘某在获得了 10% 的股权后，其惰性也随之出现，不仅不像以前那样勤恳认真，甚至有几次都借口身体不适请了长假。尽管刘某的业绩比之前降低了很多，但在年底还是能够拿到分红。

所以，公司的总裁孙某就得出这样一个结论：股权激励起不到任何作用，反而会适得其反。实际上，不是股权激励起不到任何作用，而是这位总裁把股权激励做成了股权奖励。那么股权激励和股权奖励到底有什么区别呢？

股权激励重在“激励”，评判标准是员工对公司的贡献和价值，而股权奖励则面向的是员工过去的贡献。案例中总裁把 10% 的股权分给刘某就是一种典型的“奖励”行为，所以无法达到激励的效果。另外，股权奖励的前提是平等，即一切奖励都必须公平均等，让员工心服口服。股权激励则看重员工的能力，是对那些优秀员工进行重点激励。

股权激励是公司为员工提供的长期激励，这种做法能够促使员工努力工作，在保证个人收入的同时为公司带来更加丰厚的盈利。如果把股权激励理解为股权奖励，不仅会起不到原本的激励作用，还会助长员工的怠工行为，不利于公司的发展。

7.1.4 360 公司的股权激励机制

360 公司创始人周鸿祎曾经说过：“我一直在为生存而努力。”即使他的身家已经过百亿元，但这份带有野性的拼搏精神一直都存在于他身上，媒体形象地将其称为“狼性”，而这份“狼性”也充分体现在了制度和员工的日常工作中。

360 公司上下都充满了对事业的“狼性”，这无疑是一种永无止境的探索毅力，因此，作为对员工的激励，周鸿祎将股权激励运用在了管理上。

周鸿祎曾宣布，从个人持有的股权中拿出 10% 给核心员工，使其成为自己的合伙人，按照当时360公司的股价折算，他拿出的这部分股权相当于60多亿元人民币。

除了这部分股权激励，周鸿祎还同时宣布考虑分配20%—30%不等的股权给员工，鼓励其参与内部创业。总的来说，股权激励给360公司带来了以下两个方面的优势。

1. 保持创业文化

360公司具有强烈的创业文化，不过其规模已经非常大了，保持当初的创业文化必须依靠新的制度，股权激励着眼于未来的发展，能够鼓励员工继续发挥创新精神。

2. 保留核心员工

对于真正有长远目光的核心员工来说，眼前的福利是不够的，必须要有长远的发展前景才会想留下。周鸿祎的股权激励鼓励大家直接在公司内部进行创业，给了核心员工一个十分光明的未来，这对于他们来说才是最有效的激励手段。

股权激励向360公司的员工，尤其是核心员工表达了公司的认可与支持，使他们保持热情和积极性，不断延续“狼性”的创业文化。

7.2 分辨三种激励股权

创业者在经营不同类型的公司时，要根据实际情况，采取不同的股权分配形式。本节详细介绍干股、实股与虚拟股之间的区别，并通过具体案例向创业者展示，在公司不同的发展阶段，应如何灵活利用它们之间的区别来达到最佳的效果。

7.2.1 干股 VS 实股 VS 虚拟股

通常来说，股权激励的方式一共有三种，分别是干股、实股、虚拟股，这三种方式都有各自的特点，适合不同类型的公司。

此处所说的干股并不是法律上的概念，多出现在民营公司当中，是指未出资而获得的股权。持有干股的员工虽然也可以享受相应的分红，但不具有对公司的实际控制权。

例如，上海一家公司的管理者为了留住营销总监，许诺了他10% 的干股。这样，营销总监没有出一分钱就成为股东，每月可以获得一定金额的分红。但是对于公司的重大决策，营销总监只能够遵从，不能参与决定。如果后期他决定离开这家公司，干股也随即消失，他也不会再获得任何分红。

与干股不同，实股就是通常意义上的股权，需要经过工商注册、出资才能获得。实股可以进行转让，而这个转让过程就是公司获得新股东的过程。以实股的方式进行股权激励时，公司多会将股权按一定折扣卖给员工，或以定向增发的方式授予员工，让员工获利。

虚拟股是指不需要经过工商注册便可获得的股权。拥有虚拟股的员工往往不具备投票权。当公司使用虚拟股进行股权激励时，员工可以获得分红与股价升值收益，但并不具备所有权和表决权。

除此以外，员工也不可以对虚拟股进行转让和出售，如果员工离开公司，那之前获得的这些虚拟股也会自动失效。

在选择股权激励的方式时，必须要以公司的实际情况为前提。

例如，刚刚成立的公司应该选择实股，以便扩大资金的来源；而稳定成长的公司则适合干股，因为可以留住更多人才。

7.2.2 连锁餐饮店的股权激励模式组合

上海市有一家连锁餐饮店，负责人李某在不同阶段使用了不同的股权激励手段，成功将该餐饮店发展壮大。

在初期，李某就希望通过股权激励提升员工业绩，加快餐饮店的发展，但由于管理制度不健全，未来的盈利状况也不明确，员工对于出资购买股票的方式有所顾虑。

经过思考，李某选择了干股的形式，即员工不出资，就可以获得一部分股权。一方面，干股无须员工出资，能够解决员工的安全感问题；另一方面，干股无须在工商局注册，避免了后期股权难以收回的问题，使李某在管理上更加收放自如。

在实行了干股激励后，员工的心态从“拿工资的打工者”转变为“拥有干股的经营者”，工作激情和工作质量迅速上升，餐饮店的业绩也得到了明显提升。

与之前只给员工发“死工资”的形式相比，干股激励把餐饮店未来可能的利润进行了分配，使员工具有了主人翁心态，从原本的关注过去成果转向面对未来的利润创造，也从关注工作、关注局部转向了关注成本、关注公司全局。

在餐饮店得到了一段时间的迅猛发展后，李某决定扩大规模，为了吸引和保留核心人才，他决定尝试使用虚拟股的方式进行股权激励。

作为餐饮店的唯一股东，李某让出了20%的股权进行激励，为了让店长对员工进行培训，加快回本速度，他还准备了 40% 的虚拟股权给店长。

这样的做法迅速燃起了店长对员工进行培训的激情，也激发了员工力争上游、成为店长的上进心理。短短两年，餐饮店就从原本的一家扩展为七家。

在看见了虚拟股权带来的成果后，李某也清醒地认识到了其中的短板，即未给予核心员工真正的股东权利，这一现实让这些核心员工十分沮丧。

为了避免这一短板带来的人才流失隐患，李某决定和一些表现突出的员工签订合同，约定如果考评合格并续约三年，就可以将虚拟股权转化为相应的实股。

在实行实股激励后，有许多想要自己创业的员工放弃了创业的想法，将手中的虚拟股变成了实股，成为“小老板”，与此同时，虚拟股激励也并未停止。在内部榜样的作用下，几乎所有的核心员工都接受了续签劳动合同以获得相应实股的方案。这样一来，李某的餐饮店终于避免了人才流失的问题，培训成本也得以控制。

7.3 如何用股权留住人才

员工是一个企业最大的财富，因此创业者在掌握股权激励的方法后，应合理利用它来留住人才。为达到这个目标，创业者首先需要了解设计人才股权激励的原则，其次需要知道在公司发展的不同阶段应该使用哪种股权激励方式。

7.3.1 用股权留住人才的三个原则

尽管股权激励的完善发生在国外，但其雏形在古代中国商人中就已经有所体现，最典型的代表是产生于 19 世纪 20 年代初的山西票号，当时，这一票号有“海内最富”之称。

山西票号是股权激励的前身，其身股制度能够为经理在一个账期（一般为 3—5 年）中获得不少于 8000 两白银的收入，有些甚至可以获得 3 万到 4 万两白银。

身股制度背后巨大的物质刺激带来了极大的激励，使得山西票号避免了人才流失的困境。由此可见，股票在保留人才方面的应用在中国是有先例可循的。

发展到今天，股权激励已经成为现代化公司进行人才激励的选择，那么，设计一套科学系统的人才股权激励有哪些原则需要遵守呢？具体如图 7–2 所示。

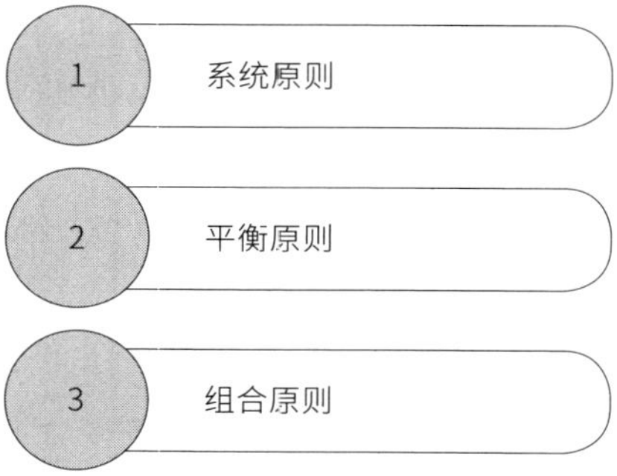

图 7–2 设计人才股权激励的三个原则

1. 系统原则

无论是什么样的激励手段，都应匹配公司的整体战略和其他激励制度，形成一个完整的管理系统。一方面，由于股权激励与公司的治理结构和资本运作有巨大的关系，而不仅仅是一种激励手段，所以系统原则的遵守会显得非常重要；另一方面，股权激励本身也是一个独立、完整的结构，考虑其内部的系统性也是系统原则的体现。

2. 平衡原则

平衡原则是指在应用股权激励时要把握好尺度，平衡好各方面的关系，例如，长期和短期的影响、竞争对手与合作同盟、新老员工等之间的关系。

3. 组合原则

"股权激励"实际上是一个统称，包括了多种激励工具，这些激励工具可以根据实际情况而灵活组合。另外，不同的激励工具有着不同的应用特点和风险收益，只有组合起来才能达到最好的效果。

随着人力资本渐渐成为现代公司的最大资本，使用合适的激励手段来保留人才也就成了重中之重。在具体操作时，只有掌握上文所述的三个原则，才能将保留人才的作用发挥到最大。

7.3.2 不同阶段对应不同的股权激励方式

在选取股权激励方式时，有很多因素要考虑，例如，激励对象的数量、公司现有的财务状况、公司所处的阶段等。在这些因素中，以公司所处的发展阶段最为关键。一般来说，公司所处的阶段有四个，这四个阶段对应着不同的股权激励方式。

1. 初创阶段

当公司处于初创阶段时，往往会存在资金少、人才少的问题，再加上管理体制不够规范和完整，所以过于复杂的股权激励方式并不适用。

相反地，为了起到保留骨干人才的作用，初创公司可以采用一些不需要激励对象出资，但确实有一定吸引力的股权激励方式，例如，技术入股等。

2. 发展阶段

处于发展阶段的公司具有销售额增长迅速的特点，为了维持这种特点，必须要逐步建立起完善的管理制度。另外，在发展阶段，股权激励的实行往往会得到绝大多数员工的支持和认可，所以公司应加大力度，采取认股权、虚拟股权等方式。

3. 成熟阶段

当公司进入成熟阶段后，客户群体和盈利基本趋于稳定，同时市场的增长也变得缓慢，竞争日趋激烈。此时，公司的工作重点成为降低成本，股权激励不能够给公司带来太大的成本负担，所以比较适合认股权、延期支付等方式。

4. 衰退阶段

处于衰退阶段的公司面临着利润明显下滑的困境，人才流失的问题将会非常严重。为了留下关键人才，处于衰退阶段的公司可以选择岗位分红权的股权激励方式。

第 8 章

股权激励设计：股权给谁？怎么给？给多少？

股权激励是创业者手中的一把双刃剑，使用得当可以在公司运营中起到积极作用，帮助公司的未来更上一层楼；使用不当也很容易踩坑，导致创业者花费了时间和精力却达不到想要的效果。本章详细介绍了创业者在股权激励结构的设计过程中可能会面临的问题、可以使用的工具以及股权激励方案的具体设计步骤，帮助创业者顺利地发挥股权激励的最大价值。

8.1　关于股权激励的三个关键问题

在设计股权激励机制的过程中，创业者不可避免地会遇到一些问题。本节介绍了在实施股权激励时创业者需要注意的一些关键问题并提供了有效的解决方案。

8.1.1 股权激励有哪些重点

公司在实施股权激励的过程中，为了充分保证其系统性和有效性，必须重点关注以下四个方面，如图 8–1 所示。

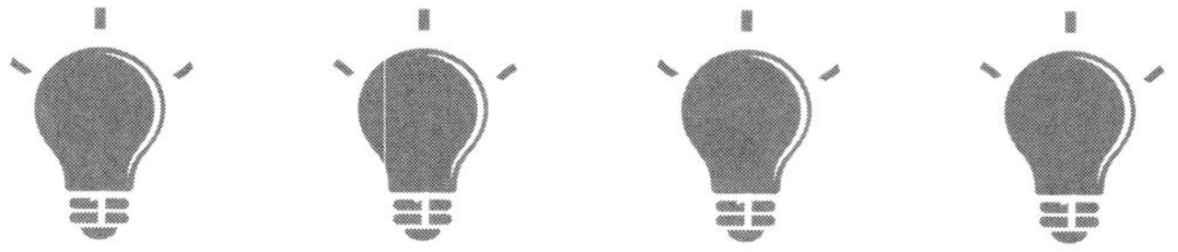

图 8–1　股权激励过程中重点关注的四个方面

1. 约束机制

因为员工不一定在公司永久工作，所以直接将股权授予员工对公司来说存在一定的风险。要想避免这样的风险，公司就必须设定一定的条件，形成完善的约束机制。

常见的约束机制是：公司在进行股权激励时，与员工在协议中规定一个期限，如果员工在规定期限内离职，就必须将已经获得的股权按照市场价格卖给公司。

2. 税务问题

税务是股权激励中必须讲明的一大重点，有以下三个问题需要特别关注。

（1）股权变更产生的税务问题。根据《股权转让所得个人所得税管理办法（试行）》第四条的规定，“个人转让股权，以股权转让收入减除股权原值和合理费用后的余额为应纳税所得额，按‘财产转让所得’缴纳个人所得税”，这部分税务应由股权转让的员工承担。

（2）股权回购产生的税务问题。这部分的税务应由触发回购条款的一方承担，如果是员工触发了回购条款，那税务就应该由员工承担。

（3）分红产生的税务问题。这部分税务由员工承担，具体金额要根据个人所得税确定。

3. 优先购买权

在公司经营中，原始股东的利益必须得到保障，所以无论是什么样的股权激励，都应该明确原始股东的优先购买权。

4. 业绩情况

股权激励要和员工业绩情况相结合，如果员工业绩不好，那员工就不应该得到任何股权。

8.1.2 如何设计股权激励模型

股权激励的模型主要有三种，分别是员工直接持股型、有限公司持股型、有限合伙公司持股型。

1. 员工直接持股型

把员工直接登记为股东就是员工直接持股型。这种模型直接将股票放在了员工手中，对员工来说利益最大，但对公司来说则有不好控制的缺点。一旦员工离职，这部分股票的处理将具有非常大的不可控性，对公司团队的稳定性有很大的负面影响。因此，越来越多的公司不再使用员工直接持股的股权激励。

2. 有限公司持股型

这里所说的有限公司是指被激励员工共同出资组成的公司，该公司作为持股平台持有母公司的股权，从而使被激励员工间接持有母公司的股权。在我国《公司法》改革后，公司的注册资本没有最低要求，所以成立这种有限公司的成本很低，员工出资很少。

3. 有限合伙公司持股型

有限合伙公司持股型也是股权激励模型的一种，在这种股权激励模型中，合伙人分为普通合伙人和有限合伙人。

普通合伙人是母公司的创始人或其指定人员，他们具有管理职能，对母公司具有控制权；有限合伙人是公司的激励对象，不参与公司的管理，只享有股权的经济收益。

除了员工直接持股型以外，其他两种模型都是以持股平台为持股者的间接持股，这里有两个核心优点。

首先，持股平台的股权激励有利于公司以后的发展，如果使用员工直接持股，公司在进行大规模股权激励（比如对上百个员工同时进行股权激励）时，就会增加大量的股东，这样会导致公司在以后进行决策时效率降低，也会让投资者不愿意投资。

其次，公司的直接持股人数量有限制。我国《公司法》第二章第二十四条规定“有限责任公司由五十个以下股东出资设立”，所以公司为了避免限制，可以以持股平台的方式授予员工股权，对员工进行激励。

8.1.3 股权激励模型有哪些陷阱

很多人都认为，只要模型选对了，股权激励就一定会起到效果，这个想法看似正确，实际上却模糊了最重要的问题：什么才是“对”？其实，更精准的表述应该是“有效果的股权激励模型一定是对的”。那么，什么样的股权激励模型是有效果的呢？

对于不同的公司来说，这个问题有不同的答案，但也有一定的相似之处，那就是都避开了以下“三大坑”，如图 8–2 所示。

图 8–2 股权激励模型中的“三大坑”

1. 把股权激励误认为纯粹的福利计划

现在谈到股权激励，大多和上市、融资等联系在一起，这些都是从公司收益的角度出发的，但并不意味着股权激励一定会为公司带来这些收益。

把股权激励误认为纯粹的福利计划就是最常见的“坑”之一。综合初创公司和较成熟公司来看，股权激励应分为“历史贡献”与“岗位价值”两个部分。前者是对员工已经作出贡献的奖励，后者是对员工未来对公司贡献的激励。股权激励的重点应在于岗位价值的部分，占比通常不低于 70%，所以它绝不是单纯的福利计划。

2. 激励对象感受不到参与感

一些公司尤其是初创公司在进行股权激励时，只进行了简单的分摊，并未将公司的未来前景向员工说清楚，这就导致员工无法认可创业者的创业梦想，没有参与感和激情。股权激励应该是双向选择，除了要帮助创始人选出具有共同事业梦想的员工并肩合作以外，也要让员工得到更多回报，工作起来更有干劲，从而获得一种归属感。

3. 股权激励方案不公平

一千个读者的心中就会有一千个汉姆雷特，在评估公司价值上也是如此，不同的员工对公司的价值评估不同，为公司作出的贡献也不相同，这就导致了股权激励只能是相对公平。

久而久之，难免会有部分员工认为股权激励不公平，自己受了委屈。为了避免这种情况发生，公司首先要保证程序公平，避免因人为原因造成不公平；其次要向员工阐明股权激励是一个长期的、轮动的机制，只要对公司产生了价值的岗位，就一定会获得相应的股权。

8.2 选择合适的工具做股权激励

创业者在设计股权激励机制时，可以借助工具来达到更好的效果。本节向创业者介绍了股权激励工具，以及在面对不同的激励对象时创业者应如何根据情况选择合适的工具。

8.2.1 股权激励工具大盘点

无论做什么事情，借力打力都是一个非常有效的策略，股权激励当然也不例外。在进行股权激励时，掌握以下八个常用工具可以达到事半功倍的效果。

1. 分红型虚拟股权

这一工具是指通过虚拟记账的方式授予员工一定数量的虚拟股权。员工获得虚拟股权之后，可以按照数量享有相对应的税后利润分配权，但不享有表决权。

2. 延期支付

这个工具的核心是推迟支付员工综合薪酬中的一部分现金，而将其转化为股权。在满足规定期限之后，员工可以在市场上出售这一部分股权进行变现。

3. 业绩单位

业绩单位是指授予员工现金奖励，只不过具体的金额需要由考核期最初的股价确定。一旦确定下来，员工就可以在考核期结束后获得相应的现金。

4. 业绩股票

这个工具有点类似“绩效考核 + 对赌协议”，只不过程度没有那么深。业绩股票比较适用于房地产公司，例如，在楼盘建设初期确定一个相对合理的业绩目标，如果员工在规定时间内完成了这个业绩目标，那就可以获得一定数量的股票。

5. 限制性股权

这一工具是指公司事先授予员工一定数量的股权，但同时对股权的来源、转让、出售等方面进行一定的限制。例如，只有完成公司规定的任务之后，员工才可以出售股权并从中获益。

6. 员工持股计划

对于那些表现优秀的员工，公司可以让他们出资认购部分股权，享受公司发展带来的红利。员工持股计划的展现形式非常多样，例如，直接持股、委托某股东代持股、加入持股平台等。

7. 实股期权

在大部分情况下，实股期权是公司在上市前对一些元老级员工进行奖励时会使用的工具。这些员工可以在规定期限内以事先确定的内部价格购买一定数量的公司流通股票，上市后大涨就相当于获得了一笔丰厚的奖励资金。

8. 储蓄—股票参与计划

储蓄—股票参与计划是指公司允许员工预先将一定比例的薪酬存入专门的储蓄账户，并将其折算成相应数量的股票。然后再计算此部分股票的价值，公司将补贴购买价和市场价之间的差额。

8.2.2 如何选择合适的股权激励工具

在选择股权激励工具时，要以激励对象为基础。例如，假设激励的是管理者，那激励工具就应该偏向于分红型虚拟股权和限制性股权，这样可以达到正面激励和反面约束的双重效果。而如果激励的是普通员工，那就适合选择员工持股计划，这样的话，员工拿到的股权不会太多，公司整体的经营情况和他们的收入情况关系不会太大，从而有利于公司建设和增强员工凝聚力。

不同的激励工具有不同的适用对象和使用环境，在选择时一定要注意实际情况。另外，股权激励工具也不应该一成不变，而是要在实践中不断调整和创新。

8.3 按照步骤设计股权激励方案

创业者在设计股权激励方案时，应遵循以下八个步骤，按部就班地完善每个细节。本节详细介绍股权激励方案设计过程中每个步骤的具体内容。

8.3.1 定对象：明确激励范围

员工是被激励的对象，对象不同，激励的方式就不同。所以，如果公司无法确定要激励的员工，股权激励就没有实际意义。

根据《上市公司股权激励管理办法》的规定："激励对象可以包

括上市公司的董事、高级管理人员、核心技术人员或者核心业务人员，以及公司认为应当激励的对公司经营业绩和未来发展有直接影响的其他员工，但不应当包括独立董事和监事。外籍员工任职上市公司董事、高级管理人员、核心技术人员或者核心业务人员的，可以成为激励对象。”

由此来看，董事长、管理者、核心员工，以及对公司发展有直接影响的其他员工，都可以成为被激励的对象，但是独立董事、监事就不适用于实施股权激励。

在确定了激励对象后，股权激励方案才会有针对性，才能够顺利进行下一步的操作。

8.3.2 定计划：选择合适的激励模式

股权激励计划相当于“骨架”，与效果的达成和公司的发展有密切关系，所以必须得到重视。例如，华为的股权激励始于1990年，最初是为了通过内部集资来解决资金困难问题。

第一阶段（1990—1996年），华为参照《深圳市国有公司内部员工持股试点暂行规定》，将当时记录在册的2432名员工的股权全部转到公司工会的名下。随后，华为的盈利渐渐变好，资金困难问题也得到解决。

第二阶段（1997—2001年），华为的发展变得更加稳定、迅速，这主要是因为，股权激励帮助华为形成了强大的人才磁场，吸引了众多非常优秀的员工。

第三阶段（2002年至今），华为拥有了规范化、系统化的股权激励方案，而且已经从之前的普惠激励转向了重点激励。例如，股权向核心员工倾斜、新增股权配发速度减缓等。

通过华为这一案例不难看出，股权激励计划的制订与公司当前的发展和战略有关。因此，对于各大公司来说，要想选择一条适合自己的道路，必须结合自身实际情况。

8.3.3 定来源：确定股权、资金来源

在设计股权激励方案时，必须要确定股权和资金的来源，以防止出现财务上的漏洞。一般情况下，股权和资金的来源主要有以下三种，如图 8–3 所示。

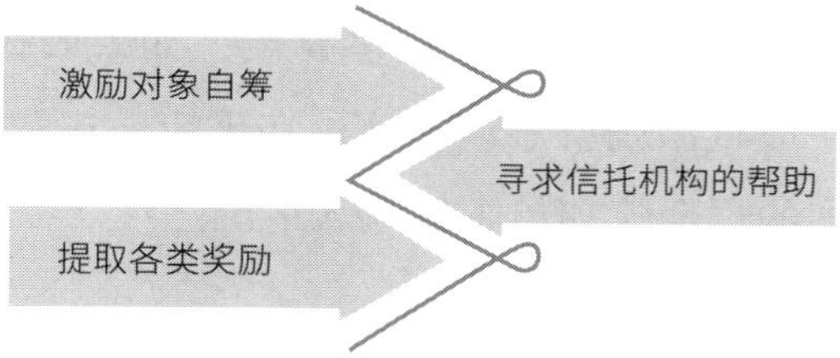

图 8–3 股权和资金的来源

1. 激励对象自筹

激励对象自筹是多数公司会使用的方法。一般来说，激励对象只需要自筹部分资金，公司会在当期的超额净利润中提取其余的资金，但股权的提供则需要以公司为主力。

2. 提取各类奖励

在股东大会同意的情况下，公司可以从净利润中提取一部分奖励作为资金和股权的来源。

3. 寻求信托机构的帮助

股权和资金的来源还可以通过信托机构来解决，主要方式有以下两种。

（1）公司把部分资金委托给信托机构，成为信托机构的委托人及受益人，信托机构再将这部分资金贷给激励对象，激励对象可用其购买公司股票。

（2）公司将资金委托给信托机构，并设定公司与激励对象为共同受益人，信托机构在公司的指定下将资金专门用于购买股权，使激励对象成为名义上的股东。

在扣除约定好的相关费用和报酬后，信托机构将股东收益按比例分别支付给公司和激励对象。很多时候，如果股权和资金的压力不能妥善解决，股权激励就难以实施。在确定股权和资金的来源时，要充分考察公司的现金流和员工的收入情况。

8.3.4 定份额：拿出多少股权用于激励

根据《上市公司股权激励管理办法》第十四条第二款："上市公司全部在有效期内的股权激励计划所涉及的标的股票总数累计不得超过公司股本总额的10%。非经股东大会特别决议批准，任何一名激励对象通过全部在有效期内的股权激励计划获授的本公司股票，累计不得超过公司股本总额的1%。"

除此以外，在确定股权份额时，还需考虑激励对象的数量，如果激励对象是一人，股权份额在8%—10%；如果激励对象是多人，则应保证管理者所占的股权份额不低于30%。

当然，公司的规模和盈利能力也是确定股权份额的重要考虑因素，如果公司规模较大或是盈利较多，那就可以适当提高股权份额，保证员工获得足够的回报，从而达到激励的效果。

8.3.5 定价格：确定每股价格

上市公司的股票行权价格在《上市公司股权激励管理办法》中有明确规定："上市公司在授予激励对象股票期权时，应当确定行权价格或者行权价格的确定方法。行权价格不得低于股票票面金额，且原则上不得低于下列价格较高者：（一）股权激励计划草案公布前 1 个交易日的公司股票交易均价；（二）股权激励计划草案公布前 20 个交易日、60 个交易日或者 120 个交易日的公司股票交易均价之一。上市公司采用其他方法确定行权价格的，应当在股权激励计划中对定价依据及定价方式作出说明。"

而对于非上市公司来说，因为缺少相应的股票交易价格进行参考，所以确定行权价格的难度相对大一些。一般来说，在设计股权激励方案时，行权价格的确定一共有四种方法。

第一种，以注册资本金为标准。这种方法比较适用于注册资本与净资产相差不大的公司。

第二种，以净资产的价格为标准，即对每股净资产进行评估，以评估的最终结果作为行权价格。

第三种，以注册资本金或者净资产为基础进行一定的折扣。因为这种方法的力度比较大，所以需要公司在考虑实际经营情况的基础上，选择适当的折扣来确定行权价格。

第四种，以上市公司为参考。这种方法对高科技行业的非上市公司尤其有效。

8.3.6 定周期：设定激励考察周期

《上市公司股权激励管理办法》第十三条规定：“股权激励计划的有效期从首次授予权益日起不得超过10年。”在此规定下，公司在制定激励计划的实施周期时，可从以下三个方面进行综合考虑，如图8–4所示。

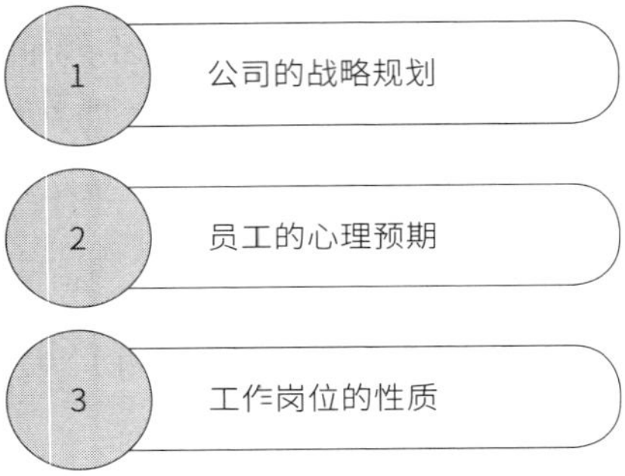

图8–4 如何制定激励计划的实施周期

1. 公司的战略规划

股权激励是支持公司实现战略计划的手段，因此股权激励计划的实施周期一定要和公司的战略规划相匹配。举例来说，公司的战略计划以五年为一个阶段，那么股权激励计划的周期就应在五年以上，以保证所有股东的贡献都能得到充分体现。

2. 员工的心理预期

如果周期过长，激励效果就会被弱化，容易导致员工的不满；但如果周期过短，又可能会导致员工的短视行为，为公司带来不利影响。因此，在确定周期时，一定要把握好员工的心理预期，确保股权激励计划能够达到激励员工长期为公司工作的目的。

3. 工作岗位的性质

公司为了获得长期的发展，一定要重视对未来发展有益处的工作岗位，这些岗位的工作成果往往在短期内无法得到呈现，所以实施激励计划的周期要相对长一些。

另外，公司最好设立循环机制，以便在对员工实施激励计划的同时附加一定的约束。例如，员工如果在周期中途想要离开公司，会因为不能得到收益而觉得遗憾，于是可能打消离开的念头。由此可见，确定好周期是一件非常重要的事情。

8.3.7 定条件：为行使股权设计限制条件

行权条件是指员工在行权时需要达到的条件，其主要体现在员工的业绩上，即只有达到了一定的业绩，员工才可以行权。在确定行权条件时，大多数公司会以自身历史水平为基准。

8.3.8 定退出：约定退出机制

为了保证公司和其他员工的利益，将可能离开的员工调整到股权激励之外十分必要。因此，在股权激励当中，必须要有退出机制，即退出方式和股权回收办法。

退出方式通常有两种，一种是过错性退出；另一种是非过错性退出，如表 8-1 所示。

表 8-1　过错性退出 VS 非过错性退出

退出方式	过错性退出	非过错性退出
详细介绍	1. 员工严重违反公司制度，对公司造成严重损害； 2. 员工在股权激励期限内离职； 3. 员工擅自处理股权或期权	1. 员工的业绩不能达到预期目标； 2. 员工未在行权期限内行权； 3. 员工在规定的股权激励期限之后离职； 4. 员工达到法定退休年龄、死亡或失踪

此外，股权回收办法也是退出机制的一部分。通常来说，股权回收办法一共有三种：直接退出、股权回购和员工转让。其中，股权回购最为常用，即公司支付一定的金额，向员工购买已经获得的所有股权。

因为实际情况具有复杂性和多变性，所以公司在设计股权激励方案时必须考虑多个方面，而且还要符合员工的想法。基于此，股权激励方案并不能完全复制其他公司的成功经验，而是要符合自身的特点，适当地进行借鉴。

8.3.9　模板：股权激励计划方案范本

下面给出某电商公司股权激励计划方案的范本供大家参考，大家可以根据自身实际情况对内容进行增减或修改。

某电商公司 2021 年度股权激励计划方案协议书

甲方（员工）：　　　　　　乙方：

身份证号码：　　　　　　　住所地：

为了进一步健全公司激励机制，实现公司战略目标，实现员工与公司共同发展的目的，依据相关法律法规、本公司章程，甲、乙双方本着公平、公正原则，经协商一致订立本协议。

一、激励对象

本次股权激励对象为甲方：__________________。

二、股权激励模式

本次股权激励计划采用分红型虚拟股权的模式，甲方不直接以股东身份持有其获得的股权，而由股权激励委员会代为持有。甲方对其获得的股权具有收益权，但不具有表决权和转让权、继承权。

三、股权激励的股票、资金来源

1. 股票来源

本次股权激励方案的股票来源为原股东出让，出让股票的股东及出让股票的相应比例为：乙方股东_____将其持有乙方__% 出资额中的__%、_____将其持有乙方__% 出资额中的__%。总计乙方__% 的股权交由股权激励委员会管理，作为激励股权的来源。

2. 资金来源

本次股权激励计划的股权购买资金由公司和个人按 1∶1 比例分别承担。

四、股权份额

甲方获得的激励股权份额由股权激励委员会确定，体现在甲方的员工持股凭证上。

五、行权条件

（1）经公司董事会决议通过后，甲方在当年年底分取预期激励股权份额相应的红利。

（2）如公司成功上市，则甲方所持之激励股权份额可按其在上市完成时所持公司股权比例获得公司股票，并享有公司股东的一切权利；若上市交易地的法律法规另有规定，则依照其规定。

六、股权份额的收回、回购及其他相关约定

（1）若在激励期间，甲方因自身原因离职或因工作失误被公司辞退，或其他原因不在公司继续工作的，分为以下两种情况。

①若公司未上市，则股权激励委员会有权无条件收回甲方的激励股权份额，但甲方之前已经收取的红利不受影响。甲方应在收到股权激励委员会收回甲方激励股权份额的通知后，向股权激励委员会交回员工持股凭证，股权激励委员会在收回持股凭证后将甲方从持股员工名册中删除。

②若公司已经上市，则股权激励委员会可自行决定是否回收甲方持有的激励股权份额。若同意回收，则回收价格应为甲方离开公司当日的股票收盘价。但股权激励委员会无义务回收甲方的激励股权份额。若股权激励委员会回购了甲方的股权份额，则自支付了回购款之日起，甲方不再持有相应的股权份额，应向股权委员会交回持股凭证，股权激励委员会在收回持股凭证后将甲方从持股员工名册中删除。

（2）除本协议中出现的情况外，在公司运作期间，甲方不得要求公司回购其持有的股权，不得将持有的股权进行转让、交易、继承。

（3）员工持股期间，员工持有的股权对应的收益、风险及损失应由员工享有及承担。

（4）若甲方在签署本协议后，在职期间发生资格变动，不再适用原股权激励份额，则经股权激励委员会确认后，由股权激励委员会将甲方的股权份额调整至相适应的份额，原份额作废。

（5）若甲方由公司董事会或股权激励委员会认定不再符合获得股权激励的资格要求，则股权激励委员会有权无条件取消甲方原持有的股权份额，但甲方之前获得的红利不受影响。

七、违约责任

本协议有效期间，任何一方违约给对方带来损失的，违约方应按照对方的实际损失进行赔偿。

八、保密义务

除应承担法定义务或其他强制性信息披露义务的情景外，双方均对本协议内容负有保密义务。

若甲方对外泄露了本协议内容，公司有权无偿强制收回甲方所持股权，并追究相关责任。

九、实施时间

本协议自签订之日起生效。

十、其他

（1）本协议一式二份，甲乙双方各执一份。

（2）本协议的解释权归乙方董事会。若有修改和补充，由甲乙双方以书面方式作出。

（以下无正文）

甲方签字：　　　　　　签字时间：____年__月__日

乙方法定代表人（签章）：签章时间：____年__月__日

签字地点：

第 9 章

股权激励落地：重视激励效果，鼓励全员参与

对创业者来说，完成股权激励方案只是打好了基础，将方案成功落实到公司内部，并使其发挥出应有的作用才是更为关键的部分。本章通过介绍股权激励方案实施时会遇到的问题，帮助创业者审视公司内可能出现的阻力；提供了落实股权激励的方法，指导创业者解决问题。

9.1 推行股权激励的潜在问题

任何制度在落实时都会遇到一定的阻力，股权激励机制也不例外。虽然股权激励本质是双赢的机制，但如果负责人决心不坚定、激励的设置有问题或无法平衡新老人才的利益，都会引发公司的不安定。

9.1.1 负责人不重视

有咨询专家曾经透露过，中小型公司在实施股权激励时的最大

问题就是负责人决心不坚定，最终导致失败。例如，广东一家互联网公司的负责人张某在接触了股权激励之后就一直对此很感兴趣，但是三年过去了，他一直没有着手实施，主要原因有以下三个。

第一，实施股权激励意味着公司的利润要公开给各位股东，张某担心有些股东会将公司的隐私透露给客户，造成客户“杀价”。

第二，张某担心实施股权激励后，有股东“躺”在既有的股权中懒作为，造成公司损失。

第三，除了张某之外的其他两名仅投资不参与管理的股东，都表示不愿意让出股权做股权激励，而张某也不愿意一人承担股权激励的全部股权份额。

在这三个原因的影响下，张某一直没能够下定决心实施股权激励。久而久之，公司的利润虽然一直在增加，但增加的幅度越来越小，张某十分担忧公司的未来发展。

眼看着对手公司在实施了股权激励后业绩迅速上涨，张某终于按捺不住了，于是在咨询了相关的管理人员后，设计出了一份适合自家公司的股权激励方案。

尽管在过程中遇到了一些小的挫折，但张某下定了决心要将股权激励做到位。员工们在感受到他的诚意后，对工作产生了热情，也对公司的未来有了信心。

终于，到年底业绩总结时，张某惊喜地发现公司的业绩与去年相比增长了 10%，创造了公司步入稳定期后的新高。

在看到股权激励的效果后，另外两名股东也决定拿出一部分股权参与股权激励，如此一来，这家公司的股权激励终于在张某的努力下得到了支持和认可。

从上述案例可以看出，只要负责人下定决心实施股权激励，不再前后犹豫，就能够得到好的结果，因为负责人肩负着整个公司的发展，一举一动都十分关键。

总而言之，负责人一旦下定决心实施股权激励，就应像张某那样坚持到底。股权激励是一个长期的计划和手段，如果负责人在实施过程中因为一些小的挫折就放弃，反而会让公司元气大伤。

9.1.2 未形成有效激励

作为一种激励员工的手段，股权激励有自身最合适的程度，如果实施过程中没有把握好，出现过度或者不足的情况，就会导致结果的失败，以及效果的弱化。

深圳有一家家居建材公司，为了扩大市场份额，激发销售人员的积极性和热情，针对销售部门实施了股权激励。在这样的做法下，销售人员为了获取更多的股权份额，选择了积极应对的方式，非常努力地向客户推销产品。

尽管在前两年公司业绩增长迅速，但两年后，销售部门的后劲明显不足，不仅销售人员因为股权份额减少而产生抱怨，更严重的是，公司的发展一度陷入困境。

在这个案例中，公司选择了以业绩作为股权份额分配的唯一标准，导致销售人员为了获得更多的回报，只能拼命地挖掘市场，因为一旦没有了客户，公司就会无情地降低股权份额。这不仅会造成销售人员的不满，也极大地打击了他们的工作热情。

实际上，股权激励的分配不应只依据单一的业绩，这很容易造成激励不当，具体有两种表现：激励过度和激励不足。在上述案例中，前期销售人员拼命挖掘客户就是激励过度造成的，这也直接导致了公司后期业绩跟不上的困境。到了后期，销售人员业绩上不去，股权份额迅速降低，出现了激励不足的现象，他们也失去了动力，从而导致了恶性循环。

那么，如何才能避免激励不当的现象呢？最重要的一点就是把股权激励转为激励“奋斗型员工”。对于奋斗型员工来说，个人的成长和公司的成长是一致的，他们不追求眼前的短期利益，不损害公司的未来发展。

为了保证股权激励能够激发员工向“奋斗型员工”学习和转变，公司需要构建一个长期的利益体，让员工的个人成长和公司的发展共同实现。

9.1.3 激化老员工与新人才之间的矛盾

公司为了扩展市场，获得更好的发展，必然会引进新的人才，所以在实施股权激励的过程中，平衡创业元老和新晋人才之间的关系也就成为一个难点。

对创业元老进行股权激励，能够表明公司对已经作出贡献的员工的认可和感情，避免员工对公司产生不信任感；对引进人才进行股权激励，能够快速安抚人心，让这些人才对公司产生安全感。

公司为了引进人才，往往会对他们许以极好的待遇，而这份待遇可能是创业元老所不曾享有的，这就可能会让创业元老产生“新人是来抢饭碗”的想法，最终发展成公司内斗。

那么，在实施股权激励时应该如何平衡二者的关系呢？首先我们来看一个案例。

上海有一家高科技公司，为了提高公司的技术水平，决定引进一名海归博士王某，在对王某进行测试的过程中，总经理范某发现他不仅具有很好的知识基础，也具有一定的团队经验，完全可以胜任技术部门经理一职。

而技术部门经理刘某是范某的大学同学，两人一起创业，如果为了新来的王某对其进行降职处理，显然会伤害刘某的感情，也会对其他员工产生不好的影响。但如果不给新来的王某一定的职位，公司就没有达到引进人才的目的，也可能让他觉得自己没有受到重视而不愿意入职，所以范某在布局新的股权激励方案时陷入了矛盾。

后来，范某首先向公司的创业元老们表明了公司要引进人才的要求，获得了元老们的一致同意，然后又要求各位元老让出自己手中的一小部分股权，以此作为预留人才的股权激励来源。作为表率，范某自己先拿出了 5% 的股权，元老们也纷纷效仿。

接着，范某又向王某表明了公司的诚意，承诺只要他做出一定的业绩，就会给予他相应的回报。但在此之前，王某只能先任职技术部门的副经理，对于这一安排，他欣然应允。

刘某在和王某的合作过程中，渐渐发现自己的知识确实有不足之处，渐渐跟不上时代了，而王某为了向公司展现出自己的价值，一直努力工作，有不懂的地方就虚心请教刘某。在双方有意识的磨合中，技术部门的成绩终于翻了一番，王某如愿获得了一部分股权，刘某也因为王某的加入获得了更多的股权分红，于是欣然让位，专心管理公司的事务。

通过这个案例可以看出，在实施股权激励时，平衡好创业元老和新进人才之间的关系十分重要，而公司的负责人在这之中起到的作用非常关键。正是范某向双方都表明了诚意，才让公司的股权激励得到了好的结果和效果。

对于任何一家公司而言，无论做出过多么成功的业绩，都需要不断引进新人才来维持前进的脚步，正是这些新人才的引进，给公司带来了新的技术理念、新的管理方式，甚至新的文化，但同时也带来了新旧理念之间的矛盾。

新人才意味着公司未来的希望，元老们代表着公司过去的辉煌，两方是不同的利益团体，保证其平衡是公司在实施股权激励时必须面对的问题。

9.2 如何推动股权激励落地

股权激励的方法多种多样，创业者应根据具体情况针对性使用。本节介绍了五种股权激励落地的方法，可以解决创业者面临的大部分问题。

9.2.1 “135 渐进式激励法”

“135 渐进式激励法”是一种针对核心管理者的股权激励方法。其中，“1”是指 1 年的在职分红；“3”是为期 3 年的滚动考核；“5”是指 5 年的锁定期。

由于“1”包含在了“3”之中，所以该方法的周期一般是 8 年而不是 9 年。换句话说，一个管理者要想转变为公司的合法股东，至少需要 8 年的时间。

这种方法的好处在于避免了公司在还不了解管理者时就给予其

股权。一般情况下，不建议为只在公司工作了 1 年的管理者分配股权。正确的做法是在 3 年的滚动考核过程中，公司按照岗位价值评估的结果设定一个额度，然后在分析管理者业绩表现的情况下，确定其最终能够获得的股权。

高某是一家互联网公司的总经理，入职 10 年以来，他共获得了 25 万股的股权。在公司一共拥有 100 万股股权的背景下，高某获得的股权比例是 25%，所以 25% 就是他在成为公司股东以后所能够获得的股权比例。

在 5 年的锁定期内，很可能会出现已经全款购买公司股票的员工因某些原因需要中途退出的情况。这种情况公司该怎么处理呢？具体方法如表 9-1 所示。

表 9-1 如何处理中途退出的情况

情况分类	具体方法
员工在锁定期内未满 3 年时退出	1. 员工离开的时候，如果公司处于盈利状态，那就可以原价回购其股权，并退还本金； 2. 员工离开的时候，如果公司处于亏损状态，员工应该按照股权比例弥补亏损后方能离开，弥补上限为出资金额； 3. 如果公司在员工退出前已经准备上市，那为了加快上市的步伐，公司应提前解锁员工的股权并加快注册股权
员工在锁定期内超过 3 年但少于 5 年时退出	1. 如果风投已进入，公司一般能够以溢价的方式回购员工的股权； 2. 如果无风投进入且公司是盈利的状态，那公司可以按照原价回购员工的股权； 3. 如果无风投进入且公司是亏损的状态，员工应该按比例弥补公司亏损，弥补上限为购股本金； 4. 如果公司不足 5 年就上市，那就应该提前解锁员工的股权并加快注册股权
激励对象在 5 年期满后离开	1. 直接注册股权； 2. 公司可以溢价回购，或者双方协商一个合理的价格由公司回购

“135 渐进式激励法”面向的是管理者，因为管理者的地位非常特殊，所以公司要熟练掌握此方法，以防止因出现突发问题而对其他员工造成不良影响。

9.2.2 延迟式激励法

延迟式激励法是指公司将员工的部分奖励，按照当时的股票价格折算成相应数量的股票，然后将其放入公司专门设立的延迟支付账户当中，等到锁定期满或者员工退休之后，再将这部分奖励折算成现金，返还给员工。

很明显，如果员工未来努力工作，取得了更好的业绩，那么他就能够获得比之前更加丰厚的奖励。通俗来讲，先让员工吃一口他本应该获得的蛋糕，如果他以后的业绩更好，就会奖励他比原先剩下的那部分更大的蛋糕。

深圳一家公司对销售总监王某实行了延迟式激励法。2019 年，王某获得了 20 万股的股票，价格是 5 元 / 股，一共价值 100 万元。公司和王某约定延期 5 年支付，所以等到 2024 年，王某除了可以获得这 100 万元以外，还可以获得股票增值后的部分。

如果该公司的股票在 2024 年变成了 10 元 / 股，那么王某一共可以获得 100+（10−5）×20=200 万元。可见，如果王某愿意在 5 年后再获得奖励，那么这个奖励就会翻倍。

另外，如果王某在锁定期内要退出，那他就只能获得原本的 100 万元，不能享有股票增值的部分。这在一定程度上约束了他的短视行为，公司也不会因为人才流失而遭受不必要的损失。

在实际的操作中，延期支付的奖励不是一次性给到位，而是会使用“532 原则”。例如，王某获得的奖励，公司完全可以采用 3 年支付的方式，也就是在王某完成相应的业绩指标后，每年分别支付奖励中的 50%、30%、20% 给他。

由于延迟式激励法“动用”了员工既得的奖励，所以公司在使用时一定要保证诚信，不要失去了员工的信任。毕竟，这种方法的重点不在于“延迟”，而在于“激励”，只有公司如期发放了奖励，员工才能认真、踏实地工作。

9.2.3 “金色降落伞”激励法

很多公司都会面临这样一个阶段：管理者渐渐跟不上公司的发展步伐，甚至对公司的进步产生阻碍。如果公司直接解聘他们，不仅从情理上过不去，也会让其他员工心寒，“金色降落伞”激励法恰好能够解决这一难题。

在广州有一家服装生产公司，在周某和李某共同奋斗八年之后，这家公司终于迎来了上市的希望。但在上市前，周某发现了李某能力不足的地方。

一方面，李某不是科班出身的金融人才，在公司的金融管理方面稍显稚嫩。尽管他一直在学习金融管理知识，但还是跟不上公司发展的速度。如果公司上市后依旧让李某担任要职，势必会给公司带来不可预期的损失。

另一方面，李某不善言辞，公司上市就意味着要和各种媒体打交道，如果让李某和媒体交流，他的性格会给公司的形象带来一定影响。

综合各方面的原因，周某决定在公司上市之前更换李某的职位，而如何把这一决定传达给李某则成为周某的烦恼。

二人一路互相扶持走到了今天，李某对公司的贡献不可小觑，而且他并未犯下错误，直接解聘必定会伤害他的自尊。但他的能力又确实阻碍了公司的发展，职位必须发生变动。

于是，在相关专家的指导下，周某开始使用“金色降落伞”激励法。在具体的方案中，周某为李某追加了一部分限制性股权，李某获得了公司 5% 的股权。

不过，他必须等到公司上市 2 年后才能获得这部分股权的分红，同时限定条件是他需要放弃原来的职位。

李某放弃职位之后，被安排到董事会做专门董事，依旧协助周某解决公司的发展问题，而没有被解雇。如此一来，他既没有完全失去对公司的管理权，又获得了额外的股权，依旧能够享受公司发展带来的红利，所以他欣然接受了新的方案。

通过上述案例可以知道，“金色降落伞”激励法能够促使管理者接受发生在自己身上的变动，减少其与公司之间的矛盾。与此同时，该方法可以让管理者安然放下手中的权力，而且这个过程还是像使用了降落伞那样平稳而安全。

9.2.4 在职分红激励法

在职分红激励法是公司对在职员工进行股权激励的一种方法。通常来说，这里的在职员工主要是指公司内部的核心管理人才、技术骨干等。这个方法只适用于处在自己工作岗位的员工，一旦他们升职（或降职、离职），奖励也会相应地增加（或减少、取消）。

对于在职分红激励法，员工往往只享有分红权，而不享有继承权和所有权，所以也就没有相应的管理权。这也就意味着，在职分红本质上是一种虚拟股权。

2021年，广州一家注册资金为50万元的公司获得了200万元盈利。假设该公司的原始股权是100万股，那这100万股全部属于注册股东。如果公司决定用20万股做在职分红，那么总的股权就变成了100+20=120万股，原始股东所占的比例也变成了83.3%，在职股东所占的股权比例就是16.7%。

公司的200万元盈利需要按照这样的比例进行分配，即原始股东获得166.6万元，在职股东获得33.4万元。如果公司需要预留60万元的发展基金，那就在200万元里扣除60万元之后再按照两方的比例进行盈利分配。

9.2.5 超额盈利激励法

超额盈利激励法是为员工设定相应的业绩目标，如果他们超额完成，则对其超额部分按照一定的比例进行奖励。因为这种方法的激励力度比较大，所以员工的热情会更高，也会想方设法地帮助公司节省成本、提高效率、增加盈利。

超额盈利激励法的重点有两个，分别是设定盈利目标、明确超额比例。

1. 设定盈利目标

在设定盈利目标时，首先要考虑无风险利率和公司发展的增长比例。无风险利率是指公司将资金投到一个没有任何风险的项目中，最终获得的利率。很多时候，无风险利率其实就相当于通货膨胀率，设定为6%—8%比较合适。

公司发展是一个累乘的过程，所以一个较小的增长比例就可以对公司产生深刻影响。因此，在设定公司发展的增长比例时，一定不要过于保守，也不能盲目乐观。

考虑好无风险利率和公司发展的增长比例以后，就可以开始计算盈利目标，具体的公式是盈利目标＝前一年的盈利 ×（1+无风险利率）×（1+公司发展的增长比例）。

例如，某公司2020年的盈利目标为500万元，到2021年初统计的时候，这家公司不仅达到了盈利目标而且有一定的超额。所以，管理者决定从第二年起采用超额盈利激励法来激励员工。经过仔细分析，无风险利率为6%，公司发展的增长比例为30%，那么这家公司2021年的盈利目标就应该是500万元 ×（1+6%）×（1+30%）=689万元。

2. 明确超额比例

超额比例是超额盈利占目标盈利的比例，还以上述案例中的公司来说，如果该公司2021年的盈利为889万元，那超额比例就是（889–689）÷689×100%=29%。

在明确超额比例时，最好遵循"阶梯状边际效应递增法则"，即超额比例越高，员工获得的奖励就应该越丰厚。

另外要强调的是，盈利目标的设定应该具有稳定性，如果随意变动，会严重伤害员工的积极性，也会损害公司在员工心目中的形象，这显然不利于公司的长久发展。

下篇　融资全案

XIAPIAN　RONGZI QUANAN

第 10 章

融资计划：好的开始是成功的一半

创业公司能够通过融资获得一定的财务自由，更全面地发展公司业务，在激烈的竞争中立足。因此，在公司进入融资阶段时，创业者务必认真准备，一击必中。在制订融资计划时，创业者应认真地分析公司的现状，将通往未来蓝图的每个步骤都规划清楚。

10.1 明确资金需求

融资不应是漫无目的的行为，融资金额也不应是随口说出的数据。创业者应在认真了解公司的发展状况，分析公司的现金流等数据，对公司内部有一个清晰的认知后，在此基础上，根据对公司未来发展的规划来确定需要融资的金额。

10.1.1 企业处于哪一发展阶段

在制订融资计划之前，首先要作的就是判断公司所处的发展阶段。对任何一家公司来说，都将经历以下四个发展阶段，如图 10-1 所示。

图 10-1 创业公司的发展阶段

1. 种子期

如果项目还只是一个创意，产品也仍在发明过程中或者处于实验室初级阶段，那么这家公司正处于种子期。在种子期，创业者必须投入资金，以进行下一步的研发，并形成产业化的生产方案，从而验证其创意的可行性和发展前景。

种子期的公司所需要的风险投资被称为“种子资金”，此时的投资规模比较小，但是风险最高。种子资金的来源主要有两个，一个是天使投资者，另一个是创投基金。种子资金一般在 10 万元到 100 万元之间，当然，也有一些优质项目可以拿到上千万元。

2. 创业期

如果产品已经研发完毕而且进入试销阶段，那么公司就进入了创业期。在创业期，公司需要大量的资金，用以购买生产设备、后续研发以及宣传推广。

创业期融资的目的是确定产品在市场的可行性并构建营销网络，这个发展阶段的公司通常没有业绩，很难获得商业信贷，只能通过风险投资获得所需资金。

创业期的风险投资一般称为“创业资金”，投资者所承担的风险因为创业期时间期限的长短不同而有所不同。这一发展阶段的主要风险包括技术风险、市场风险和管理风险；而创业资金的主要来源是风险投资机构以及风险投资者。

从种子期到创业期是很多公司很难踏出的一步，这一步考验的是公司的产品、商业模式、盈利模式和创业团队等各个方面，任何一个方面出现问题，项目就很可能宣告失败。

3. 成长期

成长期是指产品经过市场验证后，开始扩大生产、开拓市场的发展阶段。一般来说，公司的规模会在成长期快速增长，市场占有率也会不断提升。

成长期是引入风险投资的主要发展阶段，此时公司的资金需求量非常大，市场风险和管理风险也有所增大，所以资金主要分为运营资金和扩张资金，通过原投资者增资和新投资者进入获得。

4. 成熟期

公司进入大工业生产后意味着成熟期到来，成熟期是公司上市前的最后一个发展阶段，也是风险投资的退出阶段和私募基金的进入阶段。在成熟期，公司的现金流达到一定规模，技术成熟，市场稳定，融资能力非常强。

判断公司所处的发展阶段有利于创业者客观地看待公司的融资能力，然后结合其他因素综合判断融资金额，为融资计划的形成奠定良好、坚实的基础。

10.1.2 企业现金流状况如何

公司发展阶段决定了所需资金的多少，而现金流的大小则直接决定了公司是否需要通过外部力量（融资）为自己创造资金，所以在进行融资之前，创业者要分析公司的现金流是否充足。一个健康的公司应该保证资金进来得多、出去得少，当然，在公司还没有收入之前，必须准备充裕的资金来养活团队，一直维持到产生收入、拥有现金流为止。

如果自备的资金维持不到那一天，那么创业者就必须有能力预知，公司的现金流会在什么时候中断，然后在那一天来临前找到投资者，让投资者的资金打到公司的账上，从而保证公司的正常运营。

无论何时，创业者都要确保公司的账上有不低于6个月的现金流储备，这么做有两个原因：一是公司只要保证账上还有钱，有资金可以用，项目就不会废掉；二是完成一轮融资，一般需要6个月的时间。

现金流是公司的血脉，掌控着公司的生死大权，一个创业者无论有多好的创意，有多么优秀的团队，只要现金流中断，就会有失败的危险。优质的现金流应当能保持流动性与收益性之间的平衡，这就要求创业者在分析现金流时关注以下四个要素，如图10-2所示。

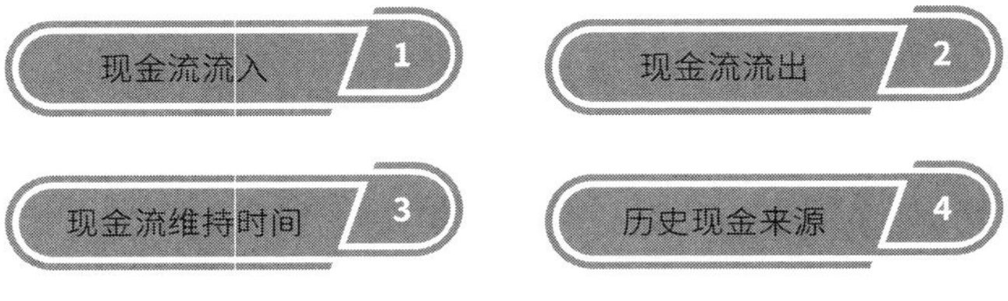

图10-2 投资者关注的现金流要素

其中，现金流流入表现了公司的盈利、预期收益能力；现金流流出表现了公司各项开支的方向与金额；现金流维持时间决定了创业者的公司是不是可以顺利活下来；历史现金来源可以预测公司的持续融资能力是否足够强大。

通过现金流分析，可以大概确定公司融资额度的范围。公司的财务状况越好，现金净流量越多，所需融资额度越少；公司的财务状况越差，现金净流量越少，所需融资额度越多。

10.1.3 融资金额大于实际需求

例如，刘某在首次尝试融资时，很快就完成了目标，获得了预期的融资金额，就在他打算宣布融资结束时，更多的投资者表示出了投资兴趣。在这种情况下，刘某的融资顾问建议他继续融资，最终，他的融资金额达到了目标的 1.5 倍。

第一次融资的时候，融资顾问花了很长的时间说服刘某接受更多的资金，因为刘某非常担心股权被摊薄，并且认为融资金额满足当前发展业务的需求就够了，不需要更多。除此之外，刘某更希望回归正常工作，而不是在融资上花费太多时间。

刘某最终没有为自己的决定后悔，甚至因为拿到更多融资而感到庆幸，毕竟充足的资金给他的项目带来了正向的现金流，使得他不需要在项目发展的转折点寻找第二轮融资。

大多数创业者都不会像刘某那样在完成预定的目标后继续筹集更多的资金，他们往往会在投资者仍有投资兴趣的时候停止融资。当然，我们所说的筹集更多的资金不是指上千万美元的差别，而是几百万美元的差别。

相对来说，较多的资金有助于创业者试错，即便发生金融危机，也能扩大公司规模。下面总结了融资金额应当大于实际需求的三个原因。

第一，资本环境变化难以预测，充分融资，有备无患。当全球性的金融危机发生时，融资来源几乎枯竭，对有巨大资金需求的公司来说，这一时期的情况非常糟糕。当时，出现了许多信誉良好的投资者反悔而拒绝投资的案例。

尽管金融危机持续的时间不长，但融资能力强和融资能力弱的公司还是有非常大的差别。如果公司提前拿到了足够多的资金，应对金融危机会变得自如很多；如果公司没有提前拿到足够多的资金，又无力融资，度过金融危机的可能性就很小。

第二，下一轮融资更加困难。创业者应当明确一点，每当自己试图融资的时候，情况会比上一次更加困难。因为公司的估值是不断增长的，而投资者的预期也在不断提升。比如，在天使轮，投资者更看重团队和创业计划，而在之后的 A 轮、B 轮以及 C 轮，投资者的关注点就变为业绩。

试想一下，取得业绩是不是比提出创业计划更加困难？因此，创业者要是可以拿到更多融资最好不要拒绝，因为谁也不知道当前的融资是否能够支撑到取得一定业绩之时。

第三，多次小规模融资会导致分心，不利于鼓舞士气。融资本身就是项目发展之外的一件事情，需要创业者花费很多的时间和精力。如果每几个月就进行一轮融资，那么会在很大程度上消耗创业者的热情和积极性，不利于公司发展。

创业者本应该将更多的时间用于公司运营，确保在下一轮融资之前实现业绩目标。不断的融资可能会导致创业者实现业绩目标的时间延长甚至无法实现业绩目标。

10.2 确定融资轮次与频率

很多创业者对融资存在误区，认为项目获得的融资越多，证明项目的潜力越大，公司越成功，但事实并非如此。融资的轮次与频率需要根据公司的发展情况决定，如果公司没有处在拓展新市场、飞速发展的上升期，高频次的融资对公司发展也不会起到正向作用。

10.2.1 根据产品业务发展明确融资阶段

年仅 21 岁的 Oculus 联合创始人帕尔默·洛基（Palmer Luckey）和众多硅谷的创富故事一样，半途退学，在车库创业。接下来，我们以 Oculus 的 VR 项目为例，学习通过产品业务和公司发展确定融资阶段的方法。

Oculus 成立之初，帕尔默·洛基一个人负责所有工作，直到另外两位游戏行业内的高管布伦丹·艾里布（Brendan Iribe）和迈克·安东诺夫（Mike Antonov）加入。

此后，迈克·安东诺夫担任公司首席软件架构师；布伦丹·艾里布担任公司首席执行官；帕尔默·洛基开始放下公司管理，将全部精力放在 VR 项目上。

帕尔默·洛基在 Kickstarter 众筹平台上发布 VR 项目，该项目的核心是一款专门用来玩 VR 游戏的外设。Oculus 彻底改变了玩家对游戏的认识。经过 1 个月的融资后，Oculus 获得了 9522 名用户的支持，拿到 243 万美元的资金。Oculus 的预定融资目标是 25 万美金，最后筹得的资金超出近 10 倍。

此轮融资相当于Oculus的天使轮融资，这时，Oculus具有这样的特征：产品有了初步形态，已经可以拿给投资者看；有了初步的商业模式，是否可行有待验证。

随后，Oculus又获得A轮融资1600万美元，投资者包括美国经纬和星火资本等。此时的Oculus满足以下特征：产品有了成熟模样，已经正常运作一段时间并有完整详细的商业及盈利模式，在行业内拥有一定地位和口碑。

在A轮融资的助力下，Oculus成功推出首批VR产品——VR头盔，其价格为：限量版275美元，普通版300美元。该VR头盔在E3大展上获得了“年度最佳游戏硬件”的提名。

与此同时，Oculus和多家公司展开合作，共同研究支持VR头盔的游戏或演示版游戏，以及SDK开发包。无论是从SDK开发包的稳定性，还是从游戏的上手易用性看，Oculus在软硬件上都交出了高于公众预期的成绩单。

在B轮融资，Oculus获得了高达7500万美元的资金，领投方为A16Z。此轮融资之后，A16Z的创始人迈克·安德森（Mark Andreessen）加入了Oculus的董事会。

此时，Oculus的特征为：A轮融资获得的资金使得公司获得了一定发展，已经开始盈利。商业模式没有任何问题，可能需要推出新业务、拓展新领域。

B轮融资之后，Facebook以20亿美元的交易额收购Oculus，包括4亿美元现金以及2310万股Facebook股票。按照当时的平均收盘价69.35美元计算，这些股票价值16亿美元。Facebook和Oculus都表示，此次收购不会影响Oculus原来的发展计划，唯一不同的是，Oculus获得了更多的资金支持。

Oculus 被高价收购意味着 VR 项目是成功的。还有一些公司的最终目标是上市，对这些公司来说，还会继续融资，包括 C 轮、D 轮以及 E 轮等后续轮次融资。

这些公司已经有比较成熟的商业模式，离上市不远，而且已经有盈利，还需要通过融资拓展新业务，补全商业闭环。处于这些发展阶段的公司一般已经有上市计划或者准备。

10.2.2 思考：融资频率越高越好吗？

很多互联网项目都是依靠融资获得快速发展的，包括种子轮融资、天使轮融资、A 轮融资、B 轮融资、C 轮融资……不过，要想获得快速发展，就必须高频率融资吗？并非如此，融资应当根据公司的成长和发展需求进行，而不是单纯追求频率。

事实上，一年时间完成三轮融资的公司不止一家，比如饿了么、美柚、纷享销客等。这些公司之所以融资频率高，是因为它们打开了一个新市场，成长和发展速度比较快。

下面以 TO B 领域的纷享销客为例，看它是如何一年内拿到三轮融资的。纷享销客的融资历程如表 10-1 所示。

表 10-1 纷享销客的融资历程

轮次	融资金额	投资者
A 轮融资	300 万美元	IDG 资本
B 轮融资	1000 万美元	北极光创投领投，IDG 资本、华软创投和博雅资本跟投
C 轮融资	5000 万美元	DCM 领投，IDG 资本、北极光创投跟投
D 轮融资	1 亿美元	联合投资者 IDG 资本、北极光创投、DCM

续表

轮次	融资金额	投资者
E 轮融资	未披露	中信产业基金领投，高瓴资本、IDG 资本、北极光创投、DCM 创投跟投

相关资料显示，纷享销客的 B、C、D 三轮融资是在一年时间内完成的，成为 TO B 领域第一家一年内完成三轮融资的公司。在以罗旭为首的创始人团队的带领下，纷享销客正式创立，并迅速拿到了天使轮投资。

当时的大环境是国内对 TO B 相关业务认识不足，公司之间的沟通还停留在 IM 和传统 PC 版 OA（自动化办公）软件的阶段，而国外市场 Yammer（一个公司社会化网络服务平台）做得非常火爆。与此同时，微博在中国也发展成为一种潮流，智能手机日渐普及。因此，罗旭认为公司移动办公和沟通是未来的大趋势，并下定决心在 TO B 领域专心发展。

有了好的方向和产品概念，还需要快速行动，于是罗旭及其团队开始研发产品并制订市场导入计划。等纷享销客正式上线以后，罗旭开始寻求 A 轮融资。

纷享销客是最早一批入局 TO B 领域的公司，与当时大热的 TO C 领域相比，完全是一个反差。因此，大多数投资者都不看好纷享销客，有一个投资者甚至当面对罗旭说产品不行，坚持不了多久。即使如此，罗旭依然没有放弃，在多次被拒绝后，他找到了 IDG 资本。

早在美国公司级应用兴起的时候，IDG 资本就已经在中国本土成立了创新小组，开始布局 TO B 领域的投资计划。一致观点成就了纷享销客和 IDG 资本的默契合作，就这样，纷享销客拿到了 300 万美元的 A 轮融资。

志同道合的投资者总是可以陪创业者走得更远。如今，纷享销客已经完成了多轮融资，而 IDG 资本除了是 A 轮融资的领投外，也是随后几轮融资的跟投主力。

纷享销客最初的着眼点是协同办公，名称为“纷享平台”，对标产品是 yammer，没过多久，这种模式便出现了问题。国内的中小公司基本上处于生存与发展的初级阶段，协作效率提升可有可无，而加强销售管理和客户管理，增强销售能力才是刚需。

因此，当发现国内市场更适合做“销售云”而不是“协同云”的时候，纷享销客便开始进行战略的调整。此次调整得到了 IDG 资本的支持，随后，“纷享平台”正式更名为“纷享销客”，产品定位为移动销售管理 SaaS（软件即服务）。

纷享销客刚刚转型的时候，还没有 CRM 模块，这不利于规模的扩大和用户的转化，于是，研发团队立即着手做 CRM。与此同时，纷享销客开始进行 B 轮融资，不过因为产品不完善，再加上运营数据不乐观使得很多投资者怀疑罗旭是不是真的能做好销售管理。

5 个月过去了，罗旭依然没有找到有投资意向的投资者，这时，纷享销客的资金链告急，团队遇到了前所未有的压力和困难。过了一段时间，事情发生转变，SaaS 市场开始火爆起来，而且研发团队做出了第一版 CRM，纷享销客的发展决心和未来规划也得到了肯定，最终收获了北极光创投领投的千万美元 B 轮融资。

在一系列调整和融资的支持下，纷享销客的市场慢慢打开，精准定位了用户需求点，CCTV、汽车之家、新浪乐居、京东方等众多知名公司都成为忠实用户。

但接下来，纷享销客遇到了发展的第二个转折点，即选择线上模式还是线下模式。线上模式的好处是轻量级、市场大、人力成本少，而线下模式被公认为是落后、繁重、高成本的。而罗旭选择以线下模式为主，以线上为辅。同时，纷享销客提出“五星级服务”，致力于为用户提供完善的服务和指导，最终帮助用户实现销售业绩的突飞猛进。

纷享销客大力拓展市场，并实现了全国24小时电话回访服务，72小时服务人员到达服务，构建了完善的服务体系。由于市场反应非常快，纷享销客在同行业中迅速发展，在一年内实现了10倍速跨越式进步，一举成为行业中的领跑公司。

罗旭认为，A轮融资看的是创业者的见识；B轮融资看的是产品的发展力；C轮融资得靠市场说话，让用户点赞。纷享销客在SaaS市场的表现得到了众多投资者的认可，很轻松就获得DCM领投的5000万美元C轮融资。

随着互联网的不断深化发展，SaaS市场也迎来了爆发性发展。纷享销客作为销售垂直领域发展最快、体量最大的公司，开始打造集成平台。此时，纷享销客的数据说明了市场的巨大潜力，国内中小公司市场对于SaaS的需求强劲。

在C轮融资期间，纷享销客的营收持续保持每三个月翻一倍，一年内销售收入增长近12倍，活跃用户累计付费转换率为47.7%，续费率为75.2%，首次付费后增购终端数公司占比22.3%。75%以上的公司选择续费使用。

纷享销客的突出表现使其顺利获得了亚洲对冲基金领投，DCM、IDG资本和北极光创投跟投的1亿美元D轮融资。拿到D轮融资后，纷享销客在分众楼宇、网易、腾讯新闻客户端等媒体投入近1亿元的广告，推动了市场影响力进一步提升。

在这种情况下，纷享销客继续进行E轮融资，领投方为中信产业基金，高瓴资本、DCM、北极光创投及 IDG 资本均参与跟投。随后，纷享销客宣布将进行全新战略升级，定位由之前的移动销售管理工具升级为“一站式”移动办公平台，名称也由原先的“纷享销客”改为“纷享逍客”。

在变幻莫测的市场里，拿融资仅仅是起点，而不是目的。纷享销客在几轮融资的支持下一步步实现构想，充分印证了最初对于公司市场和公司移动办公趋势的看法。然而，一年内完成三轮融资对于大多数公司来说是非常困难的，只有像纷享销客一样极少数的优秀公司可以实现。一般情况下，公司会顺应自身发展，根据发展需求来确定融资阶段。

如果创业者仅仅有一个创意或者项目，还没有成立公司或者公司刚刚成立不久，那融资就是种子轮或者天使轮。当今的互联网巨头很多都是依靠天使轮的支持才发展壮大起来的，比如谷歌、苹果、Meta 以及百度、腾讯等。

按照互联网公司的发展速度，天使轮融资之后的一两年，产品就走向成熟，也有了一定用户基础，此时就可以进行 A 轮融资。拿到 A 轮融资之后，如果用户继续增长，业务发展态势良好，再过半年或者一年之后就进入了 B 轮融资，紧接着是 C 轮、D 轮……

第 11 章

撰写商业计划书：如何写出一份完美的商业计划书

商业计划书不只是写给投资者看的，更是给创业者自己看的。撰写商业计划书的过程会迫使创业者将自己的想法落实到纸面上，帮助创业者提炼思路、梳理公司的发展状态、明确公司下一步的战略。

11.1 公司基本信息

在商业计划书一开始，创业者需要介绍公司的基本信息，让投资者对公司有一个大致的了解，形成一个基本印象。这样一来，在创业者介绍到后续部分时，投资者可以有一定数据做参考。创业者在填写基本情况一栏时需要简洁，让投资者一目了然。

11.1.1 公司简介

作为商业计划书的第一部分，公司基本简介首先要介绍的就是名称及所在地点。这与自我介绍是一样的，一个第一次见面的人肯定想知道你叫什么名字，来自哪里。公司基本简介可以参照表 11–1 进行撰写。

表 11–1 公司基本简介

基本信息	具体内容
公司名称	
公司注册地	
注册资本	
公司类型	
公司成立时间	
法定代表人	
主营产品或服务	
主营行业	
经营模式	
联系人	
电话	
移动电话	

需要注意的是，在介绍公司类型时，除了让投资者知道公司是有限责任公司、股权有限公司，还是合伙公司、个人独资公司等，还需要说明中资和外资的比例。另外，自公司成立以来主营产品或服务、经营模式等基本情形的变动也需要做出说明。

11.1.2 股东及控股情况

在商业计划书中，关于股东以及控股结构的内容需要重点说明。

将股东以及控股结构介绍清楚可以提高公司及项目的信任背书，吸引更多的投资者关注和参与。一般在做完基本简介后，公司可以列表说明股东的名称及其出资情况，如表 11–2 所示。

表 11–2　公司主要股东以及控股结构

股东名称	出资额	出资形式	股权比例	联系人	联系电话
甲方					
乙方					
丙方					
丁方					
戊方					

如果创始团队已经搭建完整，投资者会重点关注股东以及控股结构方面的信息，这些信息不仅可以反映公司的现状，还可以看到公司的未来。因此，创业者应当向投资者展现一个健康合理的控股结构，至于股权架构的搭建，我们在第三章已经有详细讲述。

11.1.3　发展目标：近期 + 长期

一个有规划的公司才有未来，一个有未来的公司才会获得投资者青睐。创业者应该将近期和长期目标展现在商业计划书中。在这一部分，创业者要为投资者介绍公司的目标，包括规模、人员管理、战略等方面，就如下面的例子。

在未来两年的时间内，我们公司的思路是实现“三步走”战略。

第一步：用一年的时间完善公司的各项管理制度，实现公司的现代化管理，扩招高素质人才员工，提高公司的技术和设计水平，用最快的速度和最短的时间扩大公司的规模，使公司的整体盈利情况有一个大幅度的提升。加强对公司高层的监管，制定完善的监督措施，对公司的风险进行规范化的管理，作好相应的规避处理。

第二步：保证公司的长远稳定发展。定期组织员工进行市场调研，时刻关注外部市场的新动向，在得到科学合理的市场结果的基础上，积极拓展新的业务领域。还要提高公司整体的创新能力，为发展新业务提供保障。

第三步：有了第一步和第二步的战略实现，公司在各个方面都会有很大的进步，已经具备了较强的经济实力，可以向高科技行业延伸，使公司尽快成为全方位发展的现代化公司。

这一部分的最终目的是让投资者看到公司的未来，当然，不同的公司可以根据自身的实际情况选择适合的布局。

11.2 公司团队信息

商业计划书中“公司管理”一栏可以展现创业者的能力及处事方法。一个使公司分工明确、运转有条不紊的管理模式可以给投资者留下好印象。

11.2.1 核心人物及分工

核心人物（公司中的高层管理者）以及分工简介就是介绍各高层在公司里需要负责的主要工作。管理一个庞大的公司并不简单，需要涉及许多方面的事务，为了避免整个重担都落在一个人肩上，最好的方法就是进行分工合作，将具体的工作分配到每个高层身上，这样既能提高工作效率，还能保证工作质量。

某公司的核心团队就是这样的模式，每个高层负责不同的工作，具体如下。

联合创始人、副总裁 ×××，负责公司的影视和市场业务。

副总裁 ×××，负责公司娱乐方面各项工作。

资深副总裁 ×××，主要负责公司的内部管理工作。

CFO×××，主管公司的财务工作和公司的投资业务。

高级副总裁 ×××，负责公司的法律工作，维护公司的技术专利和知识产权。

副总裁 ×××，负责公司的线上业务。

副总裁 ×××，负责公司的线下业务。

联合创始人、副总裁 ×××，负责产品的研发和设计工作。

上述分工简介将高管的工作清晰地表达了出来，这样做的意义在于向投资者展示一个分工明确、各司其职的高效管理团队，增加投资者投资的概率。

对于一些规模比较大的公司来说，高层的数量会比较多，如果全部介绍出来，会占用比较大的篇幅。在这种情况下，就必须注意高层的选择，一般只需要在商业计划书中展示负责中心工作的几位高管就可以。

11.2.2 展示公司的管理体系

近几年，以团队为基础的管理体系越来越受欢迎，很多投资者已经发现，与其他的管理体系相比，以团队为基础的管理体系能取得巨大的成绩，带来丰厚的回报。在实行了合适的管理体系后，公司的生产水平、创新能力都能大幅提升，服务也会更加优质。

典型的以团队为基础的管理体系有以下四种，创业者可以根据员工的具体情况进行选择，如图 11–1 所示。

图 11–1 以团队为基础的管理体系

1. 分权管理

分权其实是责任转移，一个优秀的上级不会把所有工作都揽在自己身上，而是把一些已经确定的工作交给下属来完成，让下属有进行部分决策的机会。这样的做法对上下两级都有好处，上级可以减轻工作压力，提高决策的准确性；下属分担了责任，激发了工作积极性，提高了工作效率。

2. 漫步管理

漫步管理就是上级经常在下属的工作地点“漫步”，而不是只一味地在办公室里工作。这样的做法可以使上级深入基层，在第一时间获取信息，比如下属的意见、公司在发展过程中的问题。

3. 目标管理

上级为下属制定一个明确的目标，比如，客户数量增加 10%、销售额提升 20% 等。下属必须为达到目标付出努力；领导可以定期或不定期检查目标完成的情况，提高下属的工作积极性。

4. 例外管理

对于例外情况，上级可以行使自己的决策权，其他事务的决策则交给下属来做。这是一种提高下属工作意愿的方法，有利于培养下属单独处理工作的能力。

管理体系对一个团队的整体质量有着很大的影响。选择合适的管理体系可以促使下属高效率地完成工作，推动公司的良好发展。因此，如果时间允许，创业者应该在商业计划书中对公司的管理体系进行描述，为融资的成功奠定基础。

11.2.3 部门划分及人员配备情况

从本质上看，设立机构及相关人员配备属于人力资源管理方面的问题，该部分必须在商业计划书中占有一席之地。为了让融资更加顺利，某 IT 公司向投资者详细介绍了设立机构及相关人员配备，如表 11–3 所示。

表 11–3 设立机构及相关人员配备

序号	部门	职位	人员配备
1	财务部	财务经理	1
		会计专员	1
		出纳专员	1
2	人力资源部	人力资源经理	1
		人事专员	3
3	设计部	设计总监	1
		设计师	3
		设计助理	3
4	产品部	产品经理	1
		软件工程师	4
		测试人员	2
		维护人员	2
5	市场部	市场总监	1
		商务拓展专员	2
		营销专员	3

另外，某科技公司也通过文字形式介绍了人员配备方面的内容，具体如下。

我们一直重视人才的培养，为了留下更多的贤士，实现公司更好的发展，尽力为员工提供较好的福利。在此基础上，我们还继续引进新的人才，提升公司的活力。

我们一直秉持团结、和谐的团队原则，保证每位员工都可以在舒适的工作环境中实现效率的最大化。与此同时，为实现员工的利益最大化，我们还为每位员工办理了相应的养老、医疗、公积金等保障机制，定期适当地为员工加薪，提高他们的工作积极性，为公司的长远发展提供强大的人才保障。

上述两个公司在设立机构及相关人员配备方面的介绍不尽相同。IT 公司的介绍比较全面，投资者可以据此看到部门分配及人员配备的情况；科技公司侧重对人力资源管理的介绍，即当前和未来的人员配备，投资者可以据此对员工的工作情况作一个大致判断。

对于两种不同的介绍方法，各个公司可以根据实际情况进行选择。如果人才比较欠缺，各种机制还没有非常完善，那么就可以选择展示人力配备计划；如果管理机制相对完善，就可以对公司的各种机制和措施进行介绍。

11.3 行业现状

对投资者来说，决定其是否投资的关键性因素是一个公司项目的行业前景。因此，在“行业情况”一栏，创业者需要表现出公司产品的竞争力。在撰写商业计划书时，创业者可以先介绍目前产品的市场现状，然后展开讲述用户的需求及购买力，最终落点到公司产品的优势上。

11.3.1 发展前景概述

在融资过程中，投资者最看重的就是创业者对行业以及市场前景的概述，具体来说就是有多少用户可能使用产品或服务，百万级、千万级还是亿级？

在竞争渐趋激烈的时代，一个用户只有百万级的产品并不是一个潜力巨大的产品。当然，市场前景不仅仅表现在用户数量上，还有客单价等衡量标准。一个用户数量少但客单价很高的产品或服务也具有很大潜力，如各类 C2B、B2B 等。

项目所在市场的未来发展空间也会影响投资者的投资决定，原因很简单，市场在未来五年到十年内的变化空间基本上可以预测。投资者喜欢市场空间足够大，可以容纳百亿级别的潜力上市公司。在这一基础上，只要选择靠谱的创业团队，然后投入资金就能保证股权升值。

11.3.2 同类竞品情况

与同类竞品对比突出产品优势其实就是竞争分析，没有对手的行业，一般很少有竞争，就是所谓的垄断。那这部分主要介绍什么呢？如图 11–2 所示。

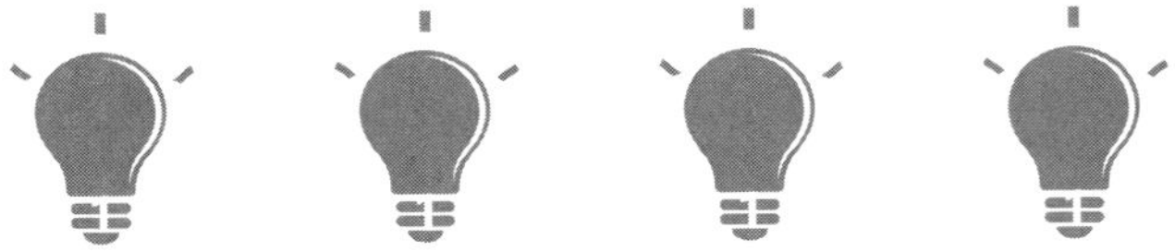

图 11-2　产品竞争分析内容

1. 市场占有率

市场占有率是衡量产品市场情况的一个重要因素，而产品市场情况又是投资者判断产品竞争力的一个因素，所以在商业计划书中，这部分是必须要说明的。

2. 渠道

渠道在竞争中也是非常重要的环节，产品的销售渠道多，销售量就会有所增加。要想把握竞争的主动权，就要积极拓宽产品的销售渠道，像美的、格力等大公司，销售渠道都是多元的。

3. 推广

推广在很大程度上会影响产品的销售量，随着科技发展，推广方式也日新月异。各个公司为了提高自己竞争优势，纷纷采用各种各样的推广方式，让更多的消费者购买公司的产品。

4. 价格

在产品的竞争中，价格是最重要的法宝，如果你的产品价格低廉，那么竞争力会大大提升，而且现在不少公司都会把低价战略纳入公司的战略体系之中。例如，小米手机就是依靠亲民的价格受到消费者的喜爱，提升了自己的竞争力。

在与同类竞品对比突出产品优势时，应该从以上四个方面着手。另外，因为首因效应的影响，还应该将优势最大的部分放在第一个介绍，然后依次类推。总而言之，公司有哪些优势就要全部展示出来，展示得越多，产品的竞争力就越大，就越能获得投资者的青睐。

11.4 产品分析

在介绍产品时，创业者需要尽可能使用简洁易懂的语言来叙述；频繁使用复杂、专业的名词不会使产品看起来高级，只会让投资者一头雾水。如果投资者无法对产品介绍感兴趣，自然也不会对其进行投资。因此，创业者在、介绍并演示产品时要清楚生动，在吸引投资者的注意后，可对产品未来的市场营销手段等做出一定的介绍，全方位展示产品。

11.4.1 产品演示与创意描述

项目能够引起投资者的关注，很大一部分原因在于创业者对产品的演示。好创意有了，接下来要做的就是向投资者描述清楚这个创意，让投资者能够在短时间内了解这个创意。如果有现成的 Demo 或者视频，也可以加在商业计划书中。

一个优秀的投资者每周会接触几十份商业计划书，但他的时间是有限的。因此，在产品演示部分，创业者应当假设投资者对相关技术或者行业术语很陌生，毕竟大多数投资者都不会浪费时间，去弄明白一个他们不懂的创意或者产品。

另外，在产品演示部分，创业者需要准确地描述设计理念，让投资者理解产品的基本结构，并让投资者觉得可信。那么，具体应该怎样将产品演示部分加到商业计划书中呢？

1. 在商业计划书中加入 Demo 或者视频

一个 Demo 的说服力胜过千言万语。Demo 可以模拟用户场景需要，不用介绍每一个功能，抓住核心诉求即可。在产品演示部分，创业者可以加入 Demo 或者视频，有利于投资者更直观地了解产品。

2. 描述语言尽量简洁清晰

一些创业者认为自己的产品在未来发展中可能有若干种可能性，不想刚开始就给出明确定义，这种做法是错误的。对于创业者来说，产品演示的主要目的不是说明产品将会变成什么样子，而是让投资者认识到产品的成长潜力。

3. 讲出产品的核心创意

如果你的产品不能在几秒钟内吸引投资者，那么就意味着你失去了这次机会。所以，创业者应当在产品演示部分突出产品的核心亮点和创意。

4. 引用数据和图片

大多数创业者可能会因为产品还没有取得太多成就而不愿意引用数据。事实上，引用一些关键的数据可以加深投资者的印象，这比单纯的文字描述更有吸引力。

另外，商业计划书中如果有太多文字，会让投资者感到单调，所以可以适当地加入图片展示你的产品。但需要注意的是，文字和图片的结合要恰到好处，保证让投资者看得舒服。

11.4.2 产品功能表

很多人分不清产品的信息结构图和功能结构图，首先我们帮助大家理解两者之间的关系。信息结构图是指将产品功能的信息根据一定逻辑关系一一罗列。图 11-3 所示的是一个生活类 App 的信息结构图。

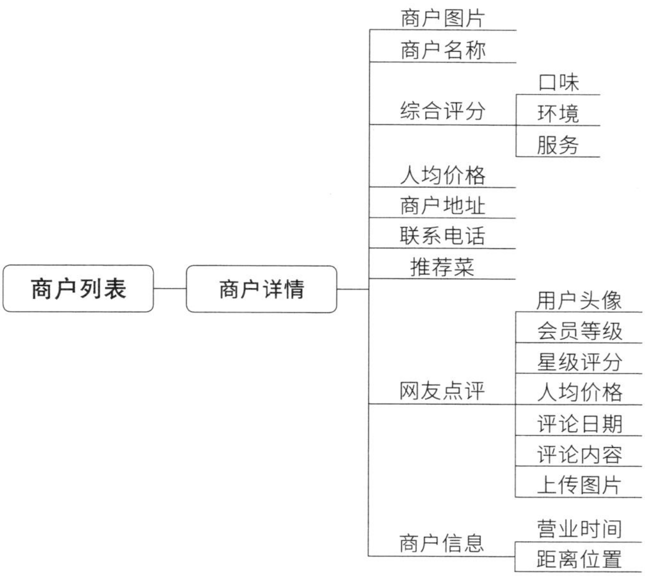

图 11-3　一个生活类 App 的信息结构图

信息结构图与数据库类似，其作用是表达和展示信息，让用户可以直观地看到产品要呈现的东西。掌握信息结构图是介绍产品的前提，我们必须把与产品相关的信息罗列清楚。

那么，什么是功能结构图呢？功能结构图需要将产品的功能、逻辑表达清楚，通常是产品原型的结构化表现。在形成完整的功能结构图之前，创业者必须对产品的板块、界面、功能和元素做到心中有数，然后用工具记录下来。

当创业者梳理产品功能的时候，自然而然就会思考有哪些表现方式，跳转到什么样的网页上以及网页之间的互相关联等。例如，微信搜索功能的表现形式有文字搜索和语音搜索两种，同时，搜索入口在信息、通讯录等多个地方，用户操作起来非常方便。

做功能结构图通常是为了梳理研发结构，具象化地展现产品原型，这里还存在一些不完善的地方，如是否符合产品逻辑，是否符合用户体验等。

功能结构图往往决定了从创意到执行的中间环节的工作难度，通过这一部分内容，投资者可以对项目是否能够真正落地形成初步判断。因此，在撰写商业计划书时，创业者应当向投资者展示功能结构图以及依据功能结构图设计的研发架构。

11.4.3 研发进度介绍

产品研发可分为七个阶段，包括准备阶段、可行性分析与评审阶段、行动计划编制与评审阶段、设计 / 开发评审阶段、验证 / 确认与评审阶段、市场投放阶段、总结与回顾阶段。在商业计划书里，创业者需要说明产品处于哪一阶段。

在准备阶段，创业者需要做三项工作：一是根据产品的概念设想进行市场调研；二是对概念设想进行筛选；三是成立管理小组，根据产品性质，确保产品经理有能力负责相关工作。

可行性分析与评审阶段的主要工作是进行产品的可行性分析，目的是合理计划产品投入，控制开发风险，确保分析过程中提出的技术可行性方案能够实现。

行动计划编制与评审阶段的主要工作是设计总体规划方案，确保总体规划方案建立在客观评估公司资源条件的基础上，并符合公司的开发要求，确保团队充分理解并认可总体规划方案中的调度和进度安排。

设计 / 开发评审阶段的主要工作是产品的设计与开发，其作用是确保总体规划方案中的功能在产品上逐一得到实现和验证，并且设计 / 开发的工作进度和预算必须符合总体规划方案的要求。

验证 / 确认与评审阶段的主要工作是验证并确认设计中存在的问题，确保产品的生产与市场的投放可以正常进行，使得产品能够以技术转让等形式得到价值实现。

市场投放阶段是取得最终成果的阶段，表明产品研发顺利完成，产品可以在市场上销售。

总结与回顾阶段的主要工作是管理和分享产品开发过程中积累的经验和知识。创业者应当保证产品开发的设计文档齐全。

具体的产品研发流程如图 11–4 所示。

产品能否取得成功很大一部分原因在于研发是不是可以顺利完成。研发不仅仅是技术层面的工作，而且是技术与管理相结合的工作，甚至更多的是管理的工作。因此，创业者需要在商业计划书中说明产品当前的研发情况。

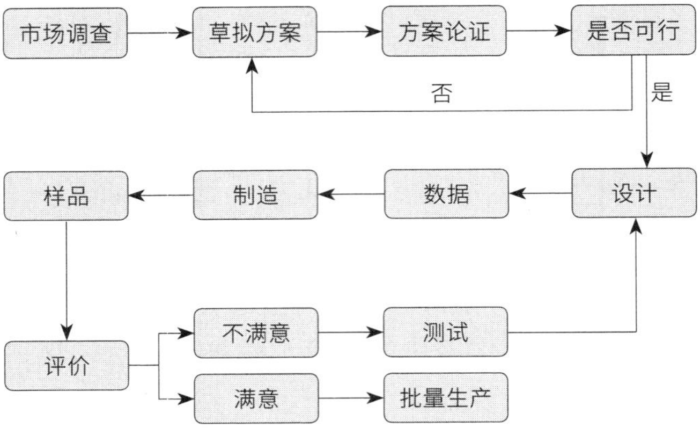

图 11-4　产品研发流程

11.4.4　营销策略

营销是整个商业计划书的关键部分，创业者必须引起足够的重视。一般来说，投资者会比较关心营销策略和办法，但为了节省投资者的时间和精力，在商业计划书中，创业者只要将简单情况和大致方向展示出来即可，如图 11-5 所示。

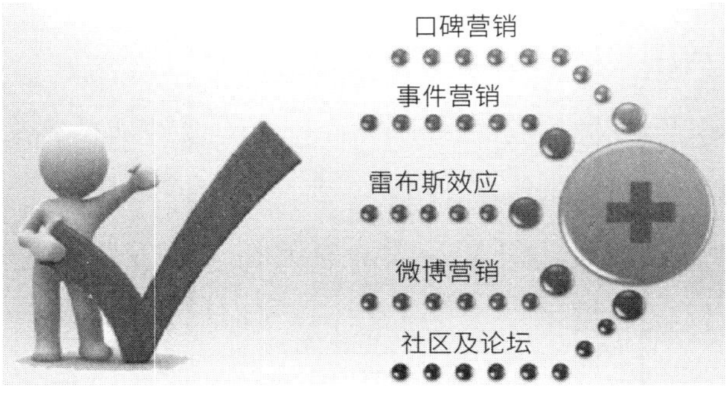

图 11-5　营销策略和办法

图 11–5 将营销策略和办法中的手段、渠道展示了出来，由此，投资者就可以了解该公司的营销情况。

11.4.5 市场份额预测

市场是投资者比较关心的问题，如果产品没有广阔的市场，那么其收益来源也就比较狭窄。要知道，大多数投资者都不会投资一个没有丰厚收益的项目。

因此，在撰写市场份额预测这一部分时，要展示出市场情况，即产品面对的是什么样的用户，用户数量如何，未来的市场是不是还会有发展等重点问题。用这些问题向投资者展示一个广阔的市场，用这个广阔的市场来吸引投资者的眼球。

我们的网站是为所有使用网络的或者即将使用网络的用户服务的。直接将实际生活中的活动虚拟化是网站的最大特点，例如，网站中的用户可以实现一起去做运动、外出旅游等。

现实中的人们会有各种各样的活动，其中的大部分都会选择结伴出行，因为有些活动一个人进行会有诸多不便。我们的网站就根据这方面的需求来吸引那些没有活动伙伴的人，在我们的网站中，他们可以实现网络与现实的紧密连接。

随着网络的普及和快速发展，网站面临的市场也更加广阔，越来越多的人已经离不开网络，由此可见，网站的用户在未来会一直保持一个不断增长的状态。另外，我们紧跟时代的潮流，致力于提供最佳的网络体验，可以吸引更多的用户。

在上述商业计划书中，除了介绍如何吸引用户以外，还对未来的市场进行了预测，向投资者表明未来的用户数量会不断增加。这些都是可以成功吸引投资者的要素，创业者在进行市场情况部分的撰写时，可以借鉴该网站的案例。

因为该网站的商业计划书是文本形式的，所以可以对市场情况进行比较详细的介绍，但如果是PPT形式的，就不建议对这一部分做太过细致的描述。

11.5 财务相关数据

在介绍公司财务方面时，创业者需要细心、谨慎，在介绍由数据支撑的报表时，很容易因一环的微小错误而引发一系列的失误，更会因此影响公司对外的形象。本节不仅介绍了商业计划书在财务方面需要注意的要点，还提供了一些提升融资成功率的小诀窍。

11.5.1 基本财务数据

无论是哪一种类型、哪一种形式的商业计划书，财务都是用一个个数据支撑起来的。因为数据众多，财务也成为最耗费时间和精力的一部分。在撰写这一部分时，一个微小的错误就可能导致结果的天壤之别，所以创业者一定要细心，每一个细节都不能忽视。

在商业计划书中，基本财务数据包括资金投入数据、资金产出数据、现金流变化数据，这些数据是投资者了解公司经济实力的途径。

1. 资金投入数据

资金投入数据是指公司在哪些地方花了钱，花了多少钱的汇总，一般用表格来展示。在商业计划书中，展示的通常是金额较大、比较重要的投入。但有的公司就将每一笔小投入都展示出来，导致表格占用了较大篇幅，而且字体小，看起来相当麻烦，这样是达不到好的效果的，投资者根本不想去仔细研究。

所以，我们要尽量避免这种情况，只展示关键的投入即可，一般保持在十个以内是比较合适的，这样绘制出来的表格看起来不会太过杂乱，如表 11–4 所示。

表 11–4　资金投入数据

资金投入项目	投入金额（元）
公司注册费用及注册资金	40 万
办公场所租赁费用及装修费用	80 万
硬件产品研发费用	200 万
移动平台研发费用	90 万
激光定位系统研发费用	80 万
控制软件研发费用	460 万
员工工资（人均 4500 元）	20 万 / 月，共 240 万
办公费用	15 万 / 月，共 180 万
合计	1370 万

投资者需要根据资金投入数据来判断融资的合理性和公司是否存在浪费现象，所以这一部分不仅不能省略，还要保证准确性，小数点和零的个数一定不能出错。

2. 资金产出数据

资金产出数据是对销售情况进行的描述，一般控制在过去的3—5 年。用表格将资金产出数据汇总起来，可以让投资者了解公司的盈利情况，以便尽快作出投资决策，如表 11–5 所示。

表 11–5　过去 5 年内的资金产出数据

年度	中国市场容量（台）	全球市场容量（台）	销售数量（台）	销售收入（万元）	净利润（万元）
2017	1200	6000	100	3000	1500
2018	2000	10000	200	5000	3500
2019	4000	16000	300	15000	10500
2020	6000	20000	600	30000	21000
2021	10000	22000	1000	50000	35000

3. 现金流变化数据

对于有融资需求的公司来说，现金流变化数据也是一项比较重要的数据，这项数据通常比较杂乱，所以最好以表格的形式展示在商业计划书中，如表 11–6 所示。

表 11–6　现金流变化数据

现金流变化（单位：万元）	2017 年	2018 年	2019 年	2020 年	2021 年
经营活动中产生的现金流入小计	1840	1920	2006	2098.5	2198

续表

现金流变化（单位：万元）	2017 年	2018 年	2019 年	2020 年	2021 年
经营活动中产生的现金流出小计	987	1031.6	1079.6	1131.3	1187
经营活动中产生的现金流量净额	853	888.4	926.4	967.2	1011
投资活动中产生的现金流出小计	500	510	321	333.1	146.4
投资活动中产生的现金流入小计	200	200	200	200	200

除了上述三项数据以外，创业者还可以根据公司的情况和投资者的特点增加其他的数据，例如，应收账款数据、应付账款数据、库存周转数据、权益变动数据等。

11.5.2 业务相关税种

为了保证良好的市场秩序，政府对税务的管控正在不断加强，投资者也越来越关注这一部分。因此，在商业计划书中，创业者有必要说明与公司业务有关的税种，如图 11–6 所示。

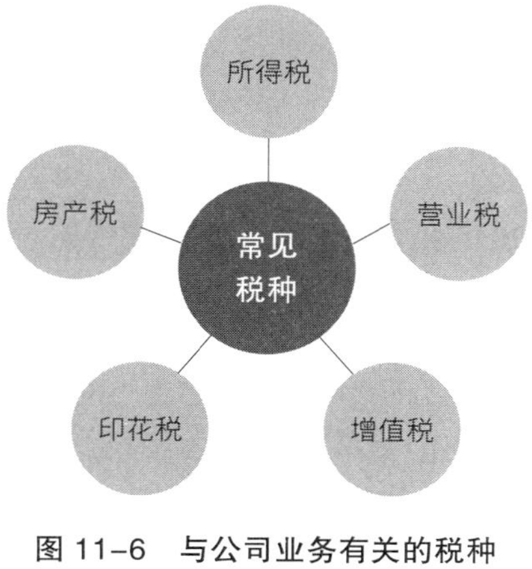

图 11–6 与公司业务有关的税种

1. 所得税

所得税是公司经营中根据自身的生产经营所得缴纳的一种税，主要包括销售产品所得、转让财产所得、利息所得、提供劳务所得、股息红利所得、租金所得和其他所得等。

2. 营业税

营业税是最为常见的税种之一，具体指在中国境内公司或个人在提供应税劳务、转让无形资产或销售不动产时，对其所获得的营业额进行征收的一种税。营业税非常容易辨认，具有征收范围较广、税率低、计算简便等诸多特点。

3. 增值税

增值税属于流转税，具体是指对产品在流转过程中产生的增值额征收的费用。现在，增值税已经发展成为中国最主要的税种之一，同时也是中国最大的税种，其收入占中国全部税收的 60% 以上，远远超过了其他税种。

4. 印花税

印花税也是常见的税种之一，其征收对象是公司和个人。一般来说，印花税是指对经济活动和经济交往中使用、领受具有法律效力的凭证所缴纳的费用。

5. 房产税

房产税的征收对象是房产，它以房产的价格或者是房产的租金为征收依据，主要向房产所有人或者经营人征收。

以上是常见的与公司业务有关的税种，创业者需要将其展示在商业计划书中，以便让投资者了解公司有哪些必要的支出，从而对公司的财务状况有更加准确的把握。

11.5.3 项目涉及的优惠政策

财政部曾经发布《关于实施小微企业普惠性税收减免政策的通知》（以下简称《通知》），该《通知》对新创立的小微企业进行了力度很大的税收减免政策，如图 11–7 所示。

中华人民共和国财政部
Ministry of Finance of the People's Republic of China
税政司
2019年1月18日 星期五 关键字 税政司 搜索 高级检索 返回主站
当前位置：首页>政务信息>政策发布

关于实施小微企业普惠性税收减免政策的通知

财税〔2019〕13号

各省、自治区、直辖市、计划单列市财政厅（局），新疆生产建设兵团财政局，国家税务总局各省、自治区、直辖市和计划单列市税务局：

为贯彻落实党中央、国务院决策部署，进一步支持小微企业发展，现就实施小微企业普惠性税收减免政策有关事项通知如下：

一、对月销售额10万元以下（含本数）的增值税小规模纳税人，免征增值税。

二、对小型微利企业年应纳税所得额不超过100万元的部分，减按25%计入应纳税所得额，按20%的税率缴纳企业所得税；对年应纳税所得额超过100万元但不超过300万元的部分，减按50%计入应纳税所得额，按20%的税率缴纳企业所得税。

图 11–7 财政部发布《关于实施小微企业普惠性税收减免政策的通知》

其中，主要的税收优惠、条件及计算方法如下。

1. 免征增值税

对月销售额 10 万元以下（含本数）的增值税小规模纳税人免征增值税。

2. 放宽小型微利企业的条件

放宽小型微利企业的条件，不再区分工业企业和其他企业，统一按照“从事国家非限制和禁止行业，且同时符合年度应纳税所得额不超过 300 万元、从业人数不超过 300 人、资产总额不超过 5000 万元等三个条件”，如表 11–7 所示。

表 11–7 小型微利企业的认定条件

小型微利企业	原优惠政策	普惠性所得税减免政策
行业	国家非限制和禁止行业	国家非限制和禁止行业
从业人数	工业企业：不超过 100 人	不超过 300 人
	其他企业：不超过 80 人	
资产总额	工业企业：不超过 3000 万元	不超过 5000 万元
	其他企业：不超过 1000 万元	
年应纳税所得额	不超过 100 万元	不超过 300 万元

3. 企业所得税税收优惠计算

2019 年 1 月 1 日至 2021 年 12 月 31 日，对小型微利企业年应纳税所得额不超过 100 万元的部分，减按 25% 计入应纳税所得额，按 20% 的税率缴纳企业所得税；对年应纳税所得额超过 100 万元但不超过 300 万元的部分，减按 50% 计入应纳税所得额，按 20% 的税率缴纳企业所得税。

举例来说，C 企业 2019 年第一季度预缴企业所得税时，经过判断不符合小型微利企业条件，但是此后的第二季度和第三季度预缴企业所得税时，经过判断符合小型微利企业条件。

那么，C 企业在第一季度至第三季度预缴企业所得税时，相应的累计应纳所得税额分别为 50 万元、100 万元、200 万元。

实际应纳所得税额和减免税额的计算过程如表 11–8 所示。

表 11–8　小型微利企业普惠性所得税减免

计算过程	第 1 季度	第 2 季度	第 3 季度
预缴时，判断是否为小型微利企业	不符合小型微利企业条件	符合小型微利企业条件	符合小型微利企业条件
应纳税所得额（累计值，万元）	50	100	200
实际应纳所得税额（累计值，万元）	50×25%=12.5	100×25%×20%=5	100×25%×20+（200–100）×50%×20%=15
本期应补（退）所得税额（万元））	12.5	（5–12.5＜0，本季度应缴税款为 0）	15–12.5=2.5
已纳所税税额（累计值，万元）	12.5	12.5+0=12.5	12.5+0+2.5=15
减免所得税额（累计值，万元）	50×25%–12.5=0	100×25%–5=20	200×25%–15=35

资料来源：关于《国家税务总局关于实施小型微利企业普惠性所得税减免政策有关问题的公告》的解读。

因此，如果确实满足小型微利企业条件，那就可以多关注国家税收减免政策，并将其展示给投资者，这样有利于在减少缴税负担的同时提升融资的成功率。

11.6　项目风险

在商业计划书中，创业者不仅要表明自己值得投资的一面，也要坦诚项目中可能存在的风险。风险是与收益并行的，没有任何一个项目会毫无风险，如果创业者一味隐瞒项目中存在的风险，只会失去投资者的信任。面对项目可能存在的风险，创业者正确的做法是不逃避问题，而是认真评估、量化风险，做好相应的风险对策并展示给投资者。

11.6.1 项目风险发生概率

专业的投资者都懂得投资的两面性，一面是高风险，另一面是高收益。投资的风险来源于多种因素，项目自身的失败是其中最主要的一种。作为投资者，除了希望创业者给自己指出收益来源以外，还希望创业者将风险直接展示出来。

因此，在商业计划书中，创业者有必要向投资者简要说明项目风险以及自己的风控能力。只要意识到项目有失败的风险，通过亏损量化风险就显得比较容易。

有些创业者不愿意坦诚未来可能遇到的风险，项目失败后因为欠下巨额债务而潜逃，最终毁了自己的名声。在遭遇巨大的风险后，创业者往往会选择破产清算而不是继续运营，而投资者不会愿意投资那些有可能因为亏损太多而倒闭的公司。

预测亏损的过程有助于创业者想清楚如何执行自己的点子。如果计算出相关数字后，发现自己一旦失败，公司就会倒闭，那就代表公司承担不起这个项目的亏损。在这种情况下，寻找投资者是比较困难的，但也有少数投资者愿意冒较大的风险投资。

罗维奥在开发“愤怒的小鸟”时，推算出最大的亏损范围在30万美元以内，这笔钱完全可以预测出这个游戏成功或失败。但就算失败，罗维奥也不会受到太大影响。后来，“愤怒的小鸟”获得了超高的投资报酬率，给投资者带来了巨额盈利。

11.6.2 风险管理办法

风险对策是对公司内可能产生的各种风险进行识别、衡量、分析、评价，并适时采取及时有效的方法进行防范和控制。对于创业者和投资者来说，用最经济合理的方法综合处理风险，以实现最大化的安全保障非常关键，也非常必要。

风险管理是指采取各种措施和方法，消灭或减少风险发生的各种可能性，以及减少风险发生时造成的损失。有些事情是不能控制的，风险也时时存在，创业者需要采取各种措施降低此类现象发生的可能性，或者把可能的损失控制在一定范围内。

风险对策和风险管理是不可分割的整体，最终的目的都是避免风险的发生和在风险发生时将损失降到最小。一般情况下，公司都会采取积极的措施去实现控制风险的目标。有的专家认为控制风险的最佳手段是根据公司的实际情况，制订多个方案，为应对可能发生的风险做好最充足准备，当公司真的发生风险时，就可以迅速选择一个最合适的方案。

现在的公司越来越重视风险管理，有的公司还会设立专门的部门去完成这项工作。在撰写商业计划书的过程中，风险对策和风险管理也是必须要展示的部分，示例如下。

时刻关注政府以及相关部门发布的信息和政策，积极掌握事件的发展动态，提高公司在事件中的主动性，同时进一步扩大宣传力度，提升公司在整个行业和社会中的影响力。

根据信息和政策的变化及时对公司进行战略调整，完善的规避处理措施加上公司自身的名气，相信可以有效控制风险。

如果只在商业计划书中列出可能发生的风险，并没有相应的方案去规避和控制这些风险，那要想获得投资者的投资基本上不太可能。因此，创业者需要像前面提到的那样制订多个方案，并将其详细介绍给投资者。

11.7 融资计划

在向投资者介绍清楚公司的情况后，创业者需要通过融资计划来尽可能收获对方的信任。在融资计划中，创业者需要罗列清楚公司想要获得的投资金额、资金的去向、投资者在其中将会获得的权益以及投资者如何退出等信息。

11.7.1 融资目的及额度

对于投资者来说，融资目的和额度非常重要，这是判断收益和回报的重要因素。创业者在融资之前，必须要将融资目的和额度确定下来，给投资者吃一颗定心丸。这就需要创业者根据公司未来的规划，将每一笔资金的去向罗列清楚，示例如下。

电商平台建设已经完成并实现上线，公司进一步发展的制约在于电商平台的推广，因此，融资目的以市场推广为主，总额度为 1.5 亿元（具体分配参照下图）。

投资者的资金用于项目第 3 年即 2020 年的宣传和完善，为快速占领市场、实现营收，公司规划于 2020 年底开展下一轮融资，具体的目的和额度根据项目发展实际需求确定。

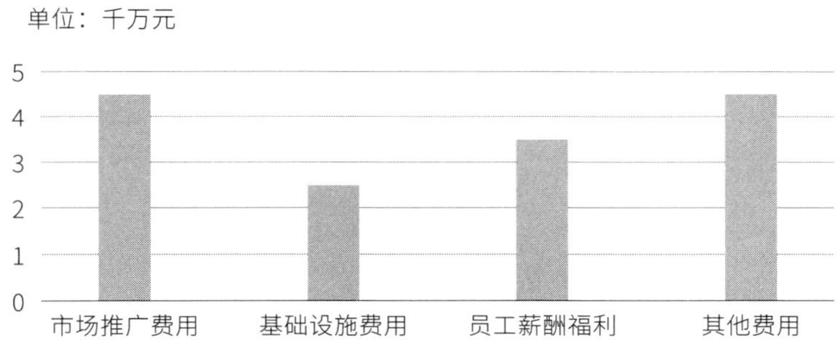

上述示例是用"文字 + 柱状图"的形式将融资目的和额度展示了出来，除此之外，还可以采取纯文字的形式。

根据公司的未来发展计划，计划融资 5000 万元，资金的具体分配如下。

（1）融资的 2000 万元用来实现平台的成型和优化以及开发数据分析模型、购买全新的服务器。

（2）融资的 1000 万元用来开发和优化 PGS 智能管理系统。

（3）融资的2000万元用于推广产品和市场营销以及聘请专家顾问和高科技人才。

这两种方式都可以用于对融资目的与额度的表达，可以在一定程度上提升投资者的好感和安全感。

11.7.2 资金使用计划

投资者投放资金有两种情况：一种是直接将资金一次性付给公司；另一种是分批将资金付给公司做不同的用途。在介绍资金用途和使用计划时，第一种情况的公司可以尽量简单一些；如果是第二种情况的公司，就要将每一批资金的金额和用途都展示出来。

一、期望融资金额：2000万元人民币。

第一批：1000万元，确定投资之后第一时间进账。

投资之后向公司注入第一批资金，使用周期是5个月。第一批资金的用途是为公司添置新的设备，提升公司的整体环境，维持公司正常运转，帮助公司更好地打开市场，提高市场上的影响力。

第二批：500万元，第一批资金的5个月周期到期时，第二批资金紧接着入账。

第二批资金的使用周期是3个月。在第一批资金的合理运用下，公司的整体经营情况已经有了很大的发展，有能力去设计和研发新产品，第二批资金的用途就是在新产品的研发和市场推广方面。

第三批：500 万元，第二批资金的 3 个月周期到期时，第三批资金紧接着入账。

第三批资金的使用周期为 3 个月。经过第一批和第二批的资金运用，公司的收益和市场地位都得到了提升，实力增强，公司的各项业务都走上了稳定发展的轨道。第三批资金主要就是在维持这个情况的基础上继续扩展公司的业务，扩大公司规模。

上述商业计划书不仅将资金的金额和用途展示了出来，还注明了各个阶段可以达到的效果，这样的做法非常值得学习和借鉴。此外，创业者还必须保证融资进度的合理分配，如果第一阶段融资 100 万元，第三阶段融资 2000 万元，那就不太合理了。

11.7.3 项目实施计划

项目实施计划是指为了实现目标而对项目进行分析，然后根据分析结果制定相应的战略战术，以此促进公司的发展，获得高品质的收益。那么，在商业计划书中，创业者应该怎样进行项目实施计划的撰写？下面用一个案例来详细说明。

郑先生是某家公司的营销经理，因为公司需要进行融资，所以他被要求撰写商业计划书中的项目实施计划部分。在商业计划书中，郑先生是这样介绍的。

早期，定期组织活动，例如，年节大促、周年庆、会员生日优惠等，以推广产品，打响公司的知名度和影响力。

中期，开设多家实体门店，利用线上线下相结合的销售模式，为用户提供更加便捷、高效的服务，跟上新零售时代的步伐。

后期，关注用户的数量与质量，时刻掌握转化率、复购率等关键数据，注重宣传品牌，优化公司形象。通过个性化推荐让每一件产品都找到适合的用户，做到产品与用户的高度匹配，与此同时，借助各类电商平台达到提高流量的目的。

在制订项目实施计划的过程中，郑先生摆正了心态，并不贪心地追求销量和暴利，而是追求口碑，做的是长线生意而不是赚取蝇头小利。后来，郑先生还开设了相关培训课程，将自己的专业知识和实践经验相结合，为营销部门的其他员工讲解营销之道。

以上内容就是郑先生在商业计划书中展示的项目实施计划，相信这个案例能够为创业者提供有价值的参考信息，也可以帮助创业者打开思路，制作出有吸引力的商业计划书。

11.7.4 投资者所享权利

投资者参与投资后就是公司的股东，可以依法享有监督、管理等基本权利。下面细数《公司法》赋予股东的十大权利，包括股东身份权、参与重大决策权、选择与监督管理权、资产收益权、知情权、关联交易审查权、主持股东会临时会议权、决议撤销权、退出权、诉讼权和代位诉讼权。创业者可以根据具体情况将其展示在商业计划书中。

事实上，作为公司的股东，投资者享有的权利包括但不限于上述十条。创业者应当根据具体情况在商业计划书中说明投资者关心的部分权利。

11.7.5 退出方式

在融资过程中，如果获得投资的公司已经发展到一个成熟的状态或者未来很难有较大发展，那么投资者为了保护自己的利益，减少损失，就会选择退出。因此，创业者有必要在商业计划书中将退出方式讲述明白，一方面有利于让投资者清楚自己能够以何种方式退出；另一方面有利于增强投资者的信心。

常见的退出方式主要有以下四种。

1. 股权上市

美国通过对退出方式进行调查，发现有三分之一的投资者会选择股权上市，因为这种方式回报率高，有的甚至可以达到 700%。

股权上市被认为是最好的退出方式，但是这种方式会有资本市场成熟程度方面的影响，大部分中小型公司达不到上市的标准，这就为投资者带去了风险。为了使投资者消除这些顾虑，准备了此种退出方式的公司应该对自己的上市有一个计划。

2. 股权转让

随着公司的扩大和发展，需要的资金会更多，如果投资者不想或没有能力接着为公司投资，那么他们就可以通过股权转让的方式退出，即把自己的股权转让给他人，收回自己的部分或所有资金，再用收回的资金为其他公司投资，实现资金的循环流动。

股权转让可以为投资者带来3.5倍左右的收益，是投资者喜欢的仅次于股权上市的第二种方式。但股权转让面临着复杂的内部决策以及烦琐的法律程序，这些都可能让投资者面临一定风险。

3. 股权回购

通过股权回购的方式退出，投资者获得的收益会比较低，一般只有20%左右，所以对于他们来说，这个方式只是备用选择。不过，通过分析股权回购的发展趋势不难看出，这种方式很有可能成为以后我国投资者的一种现实选择。

从公司方面来看，股权回购可以使公司被完整地保留下来，维持公司的整体性和独立性，还可以将资本退出的损失降到最小，不至于影响公司的运营。

4. 公司清算

清算是公司在破产解散之前，减少损失的一种做法，主要分为两种：破产清算和解散清算。公司一旦进入清算程序也就代表着生命的结束。公司的清算要支付成本，而且法律程序比较复杂，会耗费较长的时间。所以，不是所有失败的公司都会进行清算，有一部分会选择其他的方式继续经营，再对剩余价值的分配进行协商。

公司清算对于投资者来说是一种不得不做的选择，虽然投资亏损，得到的是负收益，但至少还可以收回一些投资资金，是投资者在投资失败时可以将自己的损失降到最低的一种方式。

说得再多再好也不如一份真正的案例，在看了多份商业计划书的基础上，为大家挑选出了比较有代表性的一份。通过该案例，可以使大家对退出方式的撰写更加有心得，内容如下。

投资者不再需要长期持有我们公司的股权时，可以按照自己的意愿适时退出，拿到自己应得的利益。我们一直以实现投资者退出时资本增值的最大化为宗旨，以为公司带来最大收益为目标。

我们公司为投资者准备了三种退出方式：IPO（首次公开发行）、股权出售、并购。其中最成功、回报最多的退出方式是IPO。为了可以使投资者以这种方式退出，我们公司将设立创业板。

具体战略规划是：2020 年实现股权制改造；2021 年可以达到上市标准成功在创业板上市。我们公司将时刻关注创业板的市场情况、与证券界保持密切联系。争取实现在 2021 年上市的计划，那时，投资者可以成功从公司中退出。

上述案例将退出方式展示得比较清楚，最大的亮点是直接告诉投资者 IPO 能够获得最多的回报，而且将公司的上市计划和措施都展示了出来，这样可以使投资者看到自己退出时的希望。

第 12 章

融资谈判：找准博弈关键点，争取最大利益

创业者在与投资者进行谈判时，不能一味地被牵着鼻子走，要以公司的基础情况为根本，对内整顿不合理的环节，对外运用一定的技巧与投资者交涉，争取想要的利益。

12.1 你要和投资者谈判什么

当融资项目进入谈判阶段后，创业者要更加小心谨慎，不能放松警惕。接下来的每一步都关系到谈判是否成功，一个环节没有做好可能就会导致谈判破裂、融资结束。为此，创业者需要做好充足的准备，提前规避可能出现的问题。

12.1.1 融资架构

如果你已经和投资者说了很多，喝过几次咖啡，是不是感觉拿

到投资已经不成问题了？其实，只要投资者还没有提投资条款清单，那你就不一定能够拿到钱。如果投资者给你一份投资条款清单，这表示他有意投资你的项目。

作为投资者对项目产生兴趣到最后投资的中间环节，投资条款清单发挥了承上启下的作用：在释放并确认双方合作意愿的信号后，初步搭建融资架构，对核心条款建立共同认知。融资架构搭建好以后，投资者会开始尽职调查，最后与创业者达成投资协议。

然而，因为投资条款清单比较特殊，所以在后续签订投资协议的时候很可能会对其中的条款进行调整和修改。达成投资协议的条件是投资者对尽职调查的结果满意，而很多投资者为了给投资行为添加一些风险保护，就有可能会降低占股比例，减少投资金额。

对于创业者来说，要防止投资者降低占股比例，减少投资金额，最好的方法就是在投资者的资金到账之前不要拒绝其他投资者的投资意向。只有手中的筹码足够多，才能把融资失败的可能性降到最低。另外，投资者也可能在尽职调查后决定增加投资金额，此时，是否接受投资者更大的投资金额应当视项目的具体情况而定。

12.1.2 公司估值

王某是一家公司的创始人，公司刚开始发展得并不顺利，主要是因为没有资金的支持。为了获得资金，王某和他的团队打算融资。王某在网上找到了一位投资者，投资者对他的项目表示很感兴趣，路演结束后，投资者对公司进行了详细的尽职调查。

接下来，王某进入了和投资者的谈判阶段，因为投资者对王强的项目、团队等都很满意，于是问王某："你们公司的估值是多少？”王某瞬间就蒙了，他没有考虑过这个问题，便随口说了一个数字。

投资者听到王某说的是一个天文数字，跟预期相差太大，而且经过多次的交涉，双方也没有针对这个问题达成一致意见。所以最终的结果是，投资者并没有给王某投资，王某失去了一个绝佳机会。

投资者和创业者如果走到谈判环节，肯定会涉及估值问题，但估值不是随口说一个数字就可以，而是要进行细致、准确的计算。只有一个估值合理的公司，才会获得投资者的青睐。在为公司估值时，一般需要考虑以下因素，如图 12–1 所示。

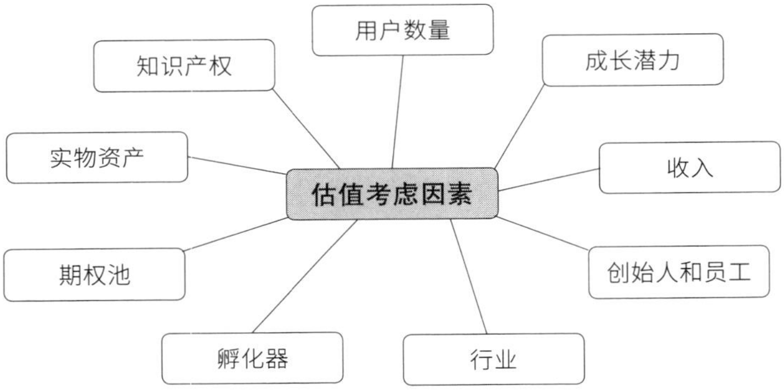

图 12–1 在为公司估值时需考虑的因素

1. 用户数量

公司如果想获得发展，首要目标就是吸引大量的用户。如果在短时间内，公司就可以吸引大量的用户，那说明公司的前景还是非常广阔的。投资者也会关心你的公司是否可以吸引用户，一般来说，吸引的用户越多，吸引的速度越快，投资金额就会越高。

2. 成长潜力

公司有没有成长潜力也是投资者比较重视的一点，所以在融资谈判时，创业者可以用数据给投资者展示公司的成长潜力，这些数据也是投资者衡量公司估值的要素。

3. 收入

收入也能作为估值的一个依据，有了收入之后，就会产生一些数据，这些数据可以帮助公司确定合适的融资金额。当然，对于初创公司而言，收入也许只占一小部分，通过收入计算出来的估值不能代表全部潜力，但可以为融资谈判提供参考。

4. 创始人和员工

一个好的创始人更容易吸引投资者，也可以为公司拿到更多的资金。创始人以前的背景、工作经历等也影响着公司的融资。如果创始人和员工的能力很强，那么由他们组成的公司也必定是非常有发展潜力的。例如，一些涉足互联网行业的公司在融资时，因为有专业的技术团队，而使估值增加了上千万元。

5. 行业

行业不同，估值也不同。以餐饮行业和高科技行业为例，餐饮行业的估值通常是总资产的 3—4 倍；而高科技行业的潜力比较大，估值一般是年营业额的 5—10 倍。因此，在跟投资者谈判之前，一定要了解公司所在行业的整体形势。

6. 孵化器

有些公司是依托孵化器建立起来的，这样的公司通常会有专业的指导，在获得资源方面也比一般公司更有优势。在孵化器的助力下，公司会通过专业的数字分析来确定发展方向，这也会提高在融资谈判中的估值。

7. 期权池

为了吸引优秀员工加入公司而提前预留出股票，这就是期权池，通常情况下，期权池越大，公司的估值就越低。期权池是一种无形的资产，其价值一般会在估值中被忽略。

8. 实物资产

有些公司因为实物资产并不是很多，所以在估值时不会将这一部分考虑进去。但实际上，实物资产也属于公司的资产，会对估值产生一定的影响。

9. 知识产权

公司拥有的专利也是公司的资产，在估值时要计算进去。专利也能为公司增加估值，例如，某初创公司的创始人因为 2 项专利而多获得了投资者的 500 万元资金。

初创时期的公司并不是拿到的估值越高越好，而是越合理越好。估值越高，意味着要承担越高的风险，公司一旦出现了问题就会被迫接受很多不公平的条款。因此，创业者一定要根据公司的实际情况，算出合理的估值，提高投资者投资的概率。

12.1.3 独家谈判期

在融资过程中，创业者会接触到不同的投资者，其中有一些会给投资条款清单。然而，每个投资者都想与创业者进行实质性谈判，又怕创业者来回抬价，所以会约定独家谈判期。

一旦与投资者约定了独家谈判期，那创业者只能和这个投资者进行谈判。对于创业者来说，不约定独家谈判期，保持交易的灵活性对自己更为有利。不过，要是投资者提出很有吸引力的价格，创业者可以考虑与其约定独家谈判期。

如果创业者真的与某一个投资者约定了独家谈判期，那就必须掌握一些要点，以避免自己遭受不必要的损失，具体如下。

（1）独家谈判期的时间不宜过长。

（2）独家谈判期内争取与第三方继续讨论。一般来说，投资者为了保障自己利益，通常会对此条件予以禁止，但创业者应该据理力争，不让自己受到伤害。

（3）如果第三方给出更合适的价值，创业者有权停止谈判。若投资者询问第三方的价格，创业者不必向其披露。

（4）独家谈判期内，投资者支付费用，假如未能达成交易，创业者不需要返还费用。

在独家谈判期初期，应该尽量明确创业者和投资者的责任与权利，以防止后期产生不必要的歧义和矛盾。

12.1.4 Term Sheet 的效力

一般情况下，投资条款清单（Term Sheet）中都包括一些有约束力的内容，例如，“本投资条款清单的商业条款不具备法律效力”“双方的权利和义务具体由正式的投资协议确定”等，这些内容通常都表明投资者和创业者不希望受到约束。在投资条款清单中，商业条款通常不具备法律效力，造成这一现象的主要原因包括以下三点。

（1）商业条款的严谨性比较强。

（2）尽职调查之前，不需要充分披露。

（3）无法保证相关数据的准确性和真实性。

既然商业条款不具备法律效力，那创业者应该如何保护自己的利益呢？这里考验的更多的是创业者的判断力和洞察力，该问题虽然没有标准答案，但以下措施可以将风险降到最低。

（1）不要急于求成，一心想解决“缺钱”的燃眉之急。如果担心投资者反悔或者压价，那就做好最坏的打算，拜托律师签署附加合同，并辅以一定的违约惩罚。

（2）全面调查投资者的诚信记录，如果发现投资者曾经有过不良行为，那就要敢于“舍弃”，尽快寻找其他机会。必须记住，只要项目够好，就不怕找不到投资者。

（3）刚开始的时候，投资者可能会说一些大话，做出无谓的承诺，所以在签署投资条款清单之前，创业者有必要将这些冗余信息过滤出去，客观评估自己的最核心需求。

与商业条款不同，保密性和排他性条款具备法律效力。一般来说，签署投资条款清单以后，投资者有不超过 60 天的排他期，以保证充足的时间进行尽职调查和准备最终投资协议。

为了防止投资者随意提交投资条款清单以换取进入排他期资格的行为，创业者可以增加肯定性答复条款，赋予自己在怀疑投资者正在进行重大改动或发现缺乏诚意的证据时，要求投资者予以书面肯定性答复，否则即提前中止排他期。

由于签署投资条款清单以后，排他期的作用会使谈判优势从创业者转换到投资者，所以投资条款清单的内容必须清晰、明确，那些核心条款（例如，一票否决权、优先购买权、优先清算权等）也要正式记录在案，不得出现差池。

另外，创业者在签署投资条款清单之前应该事先披露公司的不足之处，以防止投资者在尽职调查时以此为理由大幅度压价。在用倍数报价时，对计价基准必须予以明确表示。

12.1.5 创始人绑定情况

张某是一家网游公司的创始人，现在正准备 A 轮融资。一个有丰富经验的投资者表示有投资意向，并按照国际惯例要求对创始人持有的股权设置行权计划。

具体内容是限制张某在一定期限内对持有股权的转让权，如果张某在行权计划未满前离开公司，则无法获得全部股权，未行权部分将自动消失。另外，激励计划也会设立行权期，分几年向团队发放，以确保团队为公司的服务期限。

对于设置行权计划的行为，张某表示难以理解，他认为，无论是自己持有的股权，还是管理层的奖励，都应当是一次性获得。事实上，投资者的要求是合理的，因为公司之所以被投资者看中，主要是因为其创业团队的执行力。

在这种情况下，投资者会锁定团队，要求团队在未来的几年内为公司发展作出相应贡献。更何况，行权计划并不影响创始人作为公司控制人拥有的一切相关权力。

经过沟通协商，张某与投资者各让一步，最终达成一致：行权计划的框架依然存在，但是行权计划的时间可以缩短。这样的做法既体现了张某及其团队对公司经营的信心和对投资者的尊重，也体现了投资者的投资诚意。

一般来说，投资者不太可能会放弃团队期权以及创始人股权行权计划，但是创业者可以与其协商，争取在最大限度上保护自己的权益，使自己不受到损失。

12.1.6 业务合作与资源导入

我们选择投资者不仅因为投资者能给公司带来融资资金，还因为投资者拥有丰富的人脉资源、业务资源、用户资源，等等。如腾讯、百度等互联网巨头公司，假如它们愿意倾斜一部分资源，都能给小企业带来大量的用户、流量导入。这些可以与投资者进行谈判，虽然这些条款不会出现在投资协议中，但可以单独开展相关的业务合作。

12.2 投资者要求特殊权利，怎么办

投资者会在谈判过程中尽可能地为自己争取最大的利益。其中，有四项特殊权利是投资者经常提及并努力争取的。本节将详细解析这些权利的内容及用意，并列举具体事例来进行分析，帮助创业者守护公司的利益。

12.2.1 指定董事入驻董事会

一般而言，为了自己的利益，投资者会在投资之前要求进入董事会，获得公司重要经营决策的投票权，那么，创始人该如何应对？

我国《公司法》规定，有限责任公司的董事会成员为 3 至 13 人，股份有限公司的董事会成员为 5 至 19 人。通常情况下，董事会席位设置成单数。董事会席位为双数的情况下很容易陷入投票僵局，图 12-2 就说明了这一问题。

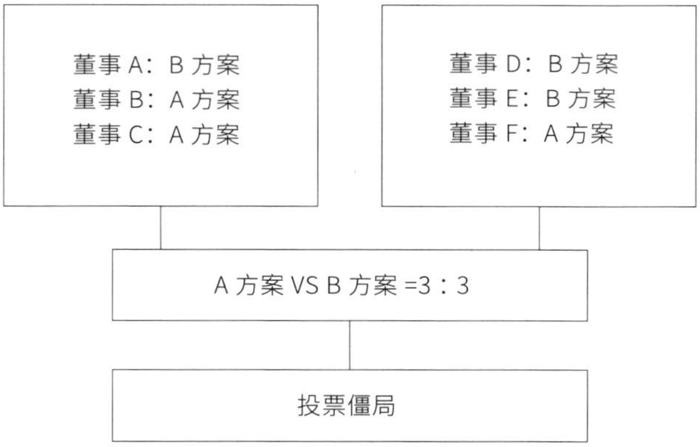

图 12-2 双数董事会席位出现的投票僵局

那么，董事会席位的具体数目如何确定呢？

由于后续融资会陆续带来新的投资者，董事会成员数量会逐渐增加，建议公司首轮融资后的董事会成员为 3 至 5 人。在完成首轮融资后，创始人应当还拥有最多份额的股权，所以应当占有绝大部分的董事会席位。

如果首轮融资完成以后，创始人持有公司大约 60% 的股权，而投资者只有 1 个，那么，董事会的构成就应该是 2 个普通股股东 + 1

个投资者 = 3 个董事会成员；如果有 2 个投资者，那么董事会的构成为 3 个普通股股东 + 2 个投资者 = 5 个董事会成员。

一般而言，董事会席位条款的主流是“创始人 + 创始人 CEO+ 投资者”的模式，但少数其他模式也是合理的。到底如何确定给投资者的董事会席位数量？问题核心在于保证你的团队始终占据多数董事会席位，拥有董事会控制权。

12.2.2 股权转让，优先购买

优先购买权也叫优先受让权，在谈判过程中，关于优先购买权的情况一般有以下两种。

第一种是创业者为防止股权过于稀释，规定投资者按持股比例参与优先认购。惯常表述为“如公司进行增资（向员工发行的期权和股权除外），投资者有权按其届时的持股比例购买该等股权”。

第二种是公司发生后续融资，投资者可以享有优先购买全部或部分股权的权力，投资者放弃购买的，创业者才能向第三方融资。通常表述为“公司上市之前，股权持有者尚未向其他股权或优先股的已有股东发出要约，则不得处分或向第三方转让其股权。根据优先购股 / 承股权，其他股东有优先购买待售股权的权力”。

12.2.3 公司破产，优先清算

对于投资者来说，优先清算权非常重要，这里所说的优先清算权是指，投资者在标的公司清算或结束业务时，具有的优先于其他普通股东获得分配的权利。优先清算权在计算时有固定的方法，即

优先清算权 = 优先权 + 分配权。

假设投资者投资了 3000 万元，占股比例 30%，而公司的可分配净资产为 8000 万元，优先清算权中规定该权力按投资金额的 1.5 倍优先进行分配，那么其计算公式如下。

优先权下的投资回报：3000 万 ×1.5=4500 万元

分配权下的投资回报：（8000 万 –3000 万）×30%=1500 万元

投资者总回报：4500 万 +1500 万 =6000 万元

对于创业者来说，清算事件是一件坏事，预示着公司破产、倒闭，但对于投资者来说，清算事件只是一件“资产变现事件”，具体是指股东通过公司合并、被收购或公司控制权变更等手段出让公司权益而获得资金的方式。

创业存在着很大的风险，投资者会为了降低风险而要求优先清算权。因此，要想避免不必要的麻烦，创业者应该将这项权利展示在投资协议中。

12.2.4 马化腾为什么能说服 IDG 投资

腾讯在最初开发出 OICQ 后，尽管仅仅推出 9 个月用户就增长至 100 万，但由于公司没有摸索到收入模式，因此，并没有人愿意投资。随着用户的增长，公司需要添置的服务器越来越多，资金也即将消耗殆尽，腾讯上下一片愁云惨淡。工程师为了省下买设备的钱，需要花费大把的时间和精力来减轻服务器的负担。

屋漏偏逢连夜雨，来自美国 AOL 的律师信使腾讯的状况雪上加霜。美国 AOL 收购的 ICQ 软件是世界上最早被发明出的即时通信软件，也是腾讯产品 OICQ 的仿照对象。因此美国 AOL 起诉 OICQ

侵犯了 ICQ 的知识产权，要求腾讯停止使用域名“OICQ.com”和“OICQ.net”。

连服务器都没钱采购的腾讯当然更没有钱去打官司，因此它们只能选择融资或出售腾讯。然而直到此时，腾讯仍然不知道该怎样依靠 OICQ 挣钱。它们知道自己有庞大且仍在持续增长的用户，但不知道用户是谁、在哪儿，不知道如何向对方收钱。马化腾也想过将腾讯出售，但买方最高的报价是 60 万元，远远低于他 300 万元的底线。

这时，腾讯的销售专家曾李青为马化腾普及了风险投资的概念。然后，它们找到中国当时最著名的风险投资公司 IDG Capital，诚恳表示需要对方的投资，因为“如果 IDG 现在不投资我们，腾讯可能会死”。

尽管它们准备了长达 20 页的商业计划书，在回答腾讯的未来时，马化腾没有使用任何谈判技巧，只是如实回答他不知道。马化腾表示他知道产品受大众喜爱，但“即使你给我们钱，未来仍然是不确定的”。

马化腾靠自己的坦诚打动了 IDG 领导人，给对方留下值得信赖的印象。然而真正让 IDG 下决心投资的，是 ICQ 被 AOL 收购的先例以及 OICQ 不容置疑的市场份额。也就是说，赌赢了，IDG 可能会跟着腾讯水涨船高，即使失败了，OICQ 也能像 ICQ 一样卖出去。除此之外，IDG 还给自己上了第三层保险，它们拉来了香港的电讯盈科共同投资。

幸运的是，IDG 和电讯盈科的投资赶在腾讯没钱时到账了。当时正处在纳斯达克股价暴跌，全球网络股崩溃的时刻，如果两方的投资再晚一点到账，腾讯今天就不存在了。

在这笔资金的注入下，腾讯最终坚持到了 MIH 的投资，那时 MIH 对腾讯的估值已经比之前翻了 11 倍之多。后来腾讯经历了改名为 QQ、推出 QQ 秀来获利、收购 Foxmail 升级为 QQ 邮箱进入电子邮件市场、开发微信等一系列行为，一步步走到了现在互联网尖端位置。

第 13 章

签署文件：有一种陷阱叫特别条款

当融资进行到签署文件这一环节时，创业者与投资者的博弈也逐渐接近尾声，但越是这种情况创业者越是要睁大眼睛，辨别文件中可能存在的问题，防止不小心落入陷阱。

13.1 融资协议中的特别条款

投资者在制定融资协议时，为了保护自己的利益，尽可能地降低投资风险，都会添加一些特别条款。这些特别条款中的绝大多数不会损害到创业者的利益，但会对公司的股权、业绩等方面有所规定。因此，创业者也需要对这些特别条款有所了解。

13.1.1 分段投资条款

为了降低投资风险，投资者往往采取分段投资的方式，即只提供公司下一阶段的资金，只有当公司完成预期的经营目标或者获得丰厚的盈利以后，才会继续投资。在这个过程中，投资者会对公司的经营状况与潜力进行反复评估，并拥有放弃追加投资的权利与优先购买公司发行股票的权利，从而有效控制风险。

13.1.2 反摊薄条款

反摊薄条款是一种用来保护投资者利益的协定，其核心是不会因为公司以较低价格发行新股而导致投资者的股权被摊薄。现在，许多投资者都把反摊薄条款作为投资条件之一。

例如，原始股东拥有公司 100 股股票，价值 100 万元，投资者 A 向原始股东购买公司 50 股股票，价值 50 万元，此时，投资者 A 占有公司 50% 股权。

假设公司准备向另一投资者 B 增发 50 股价值为 50 万元的股票，那么投资者 A 的持股比例就会从 50% 降至 33.33%，这种情况发生时即为比例摊薄。

但如果签订了反摊薄条款，投资者 A 的持股比例不会因为后续融资而降低，或者即使降低了也可以得到一定的补偿，从而保障其权利不受损害。

13.1.3 肯定性条款

肯定性条款是指被投资公司在投资期内应该遵守哪些约定，一般包含以下内容。

（1）被投资公司需提供合适的渠道，以便投资者可以接近员工并获得经营管理记录。

（2）被投资公司应定期向投资者提交财务报告。

（3）被投资公司需进行年度预算，且该年度预算要取得董事会同意后方可实行。

（4）管理层要保证被投资公司继续存在，并使其所有财产维持良好的状态。

（5）被投资公司需购买足够的保险。

（6）被投资公司需支付其应付债务与应交税款。

（7）被投资公司要遵守法律，并履行相关协议所规定的义务。

（8）被投资公司应当告知投资者诉讼、协议的未履行情况，以及其他会对经营造成不利影响的事项。

（9）被投资公司要采取适当的措施保护自己的专利权、商业秘密以及版权。

（10）被投资公司需要按照约定用途使用融资资金。

13.1.4 否定性条款

否定性条款是指被投资公司不得在投资期内从事行为的约定，通常涉及这些内容：禁止变更控制权；禁止管理层向第三方转让股权；禁止改变主营业务等。

13.1.5 共同卖权

为了在标的公司减少或丧失投资价值的情况下实现退出，投资协议中也约定出售股权的保护性条款。例如，如果标的公司控股股东拟将其全部或部分股权直接或间接地出让给任何第三方，则投资者有权但无义务，在同等条件下，优先于控股股东或者按其与控股股东之间的持股比例，将其持有的相应数量的股权售出给拟购买待售股权的第三方。

共同出售权事实上是对原股东转让股权的限制，可以有效地避免不理想的股东进入，使原股东与投资者承担相同的风险与收益。

13.1.6 交割条件

在投资协议中，投资者将获得母公司批准作为履行交割的先决条件，结果，投资者以母公司批准程序复杂为由拖延投资进程，经过漫长的等待后，投资者又称没有获得母公司批准而无法投资。

如果遇到这种情况，那么创业者只能默默承受损失，但其实最大的损失不是这位创业者白白浪费的时间和精力，而是他本来可以在这段时间内为公司拉到其他融资。之所以出现这种情况，是因为创业者对交割条件的认识不足。创业者本应该与投资者协商将获得母公司批准作为投资者支付投资款的先决条件，然后再加上一个最后期限，这样才公平。

很多创业者对交割条件的认识不到位，包括一些大公司和它们的律师也可能会将交割条件与付款的先决条件混淆。下面我们就来讲一讲什么是交割条件。

在投资协议中，交割条件是指股权投资交易当事人进行股权转让或资产过户等交割行为需要全部满足的前提条件。在双方签订了投资协议后，如果交割条件没有被全部满足而且没有被当事人放弃，那么当事人不具有进行交割的义务，交割也就无法进行。

一般来说，投资协议中规定的交割条件有六点，具体如下。

第一，投资者尽职调查后，对调查结果表示满意。

第二，投资者对最终的法律文件满意，包括投资协议、根据本轮融资修订而成的公司章程以及股东会决议等。

第三，公司为本次融资完成所有的资质认证、拿到交易所必需的证照及其他政府审批等。

第四，公司管理层核心人员与投资者选定的人员签署并交付格式和内容均令投资者满意的劳动合同。

第五，自本条款清单签订之日起，创始人应当在公司全职工作。

第六，最后根据尽职调查结果，实施正式投资协议约定的其他交割条件。

通过分析交割条件，可以从中看出投资者的考虑，仔细研究一下绝对没有坏处。通常情况下，投资者设置交割条件时首先会考虑自己的风险承受能力和风险偏好等因素。

如果投资者希望在短期内完成股权交易，且具有较高的风险承受能力，那么交割条件的设定会相对简单，基本上只有相对重要的事项；如果投资者追求低风险，那么会设定较为复杂的交割条件，而创业者执行起来也会相对困难。

其次，投资者还会考虑相关条件的可实现性与可操作性，以及交易成本的高低。如果投资者要求创业者采取某一行动的可实现性与可操作性较低，或者将产生巨大的交易成本，那么这并不适合作为交割条件，否则就会导致交易失败。

曾经的天使投资出现过见个面一拍即合就打款的现象，但是现在已经不可能了，因为包括天使投资在内的所有投资都已经逐渐走向正规化、机构化，随之而来的就是走一套严格的内部流程。在这种大趋势中，如果创业者对某些专业的投融资知识还不够了解，那就必须认真补课。

13.1.7 强卖权

强卖权也叫强制随售权，是融资协议中的常见条款，主要是指投资者强行要求创始人一起退出公司的权力。如果投资者有意退出公司，根据强制随售权的规定，创始人必须同意投资者的出售意向。强制随售权的设定是对投资者利益的保护，虽然在一定程度上会使公司创始人和股东的权力有所限制，但是可以通过设定条件对该条款的使用范围做出限制。

创业者可以设定强制随售权生效的门槛，或者对启用时间进行控制。另外，公司还可以为强制随售权设定一个价格标准，即现在估值 1 亿元，等达到 10 亿元以上的估值后，公司才能够出售。如果创业者不满意上述条件，认为公司在将来会有更大发展，那就可以将上述条件一并使用，从而在一定程度上稀释投资者的强制随售权，保证自己对公司的控制权。

13.2 融资合同中的致命陷阱

融资合同中有一些条款，乍一看没有什么问题，但很有可能在公司发展后期发力，给公司及创业者带来重创。面对这些致命陷阱，创业者只有做到知己知彼，才能见招拆招。

13.2.1 股权锁定：创始团队难以支配股权

创始团队股权被锁定是融资协议中常见的陷阱之一，它是指创始人未经全部或部分特定投资者许可，不能在公司上市前转让自己的股权。对投资者来说，股权锁定可以有效防止创始人抛售股权出走。与股权成熟条款类似，股权锁定条款也是为了稳定住创始人。

这类条款对创始团队的影响通常不大，因此大多数创始人都会选择接受。不过，也有一少部分创始人因接受这一条款而遭受巨大的伤害。例如，夏某与陈某是大学同学，两人毕业后一起创立了一家手游公司，全力进军手游市场。

为了拿到天使轮投资者的投资，夏某与陈某没有考虑到融资协议中股权锁定条款的影响，这就为他们后来的遭遇埋下了伏笔。依靠巨额投资，夏某与陈某的手游公司先后推出了多款游戏，受到了市场认可。然而随着合作上的矛盾越来越多，夏某与陈某的关系再也不是亲密无间。最终，夏某写了辞职信，决定将自己的股权转让出去。

由于融资协议中包含股权锁定条款，除非投资者同意或者公司上市，否则夏某根本不能转让自己的股权。这家手游公司目前还处于天使轮融资的状态，距离上市还有一大段距离，如果等到上市以后夏某再二次创业，就已经晚了。因此，夏某与陈某共同创建的手游公司始终不死不活地经营着，而持有公司股权的夏某也被套牢。

股权锁定条款通常约定未经全部或部分特定投资者许可，创始人在公司公开发行上市前不得转让自己的股权。在上述案例中，夏某的遭遇虽然让人同情。但是我们也不可否认，如果没有股权锁定条款，夏某轻易转让了自己的股权，对投资者来说会是很大的损失。

同样股权转让被限制，王某与夏某的遭遇却截然不同。王某是广州创显科教股权有限公司的创始股东，在股权限售期内卖出了自己持有的全部股权。以下是广州某股权有限公司发布的《关于股东签署附生效条件的股权转让协议的公告》的主要内容。

“公司于近期得知，广州某股权有限公司创始股东王先生，因个人创业需求资金，经与张女士多次协商，欲将其持有的1920900股转让予对方，每股价格为5.25元。

“由于该股处于限售期内，双方签署了附期限生效条件转让合同，张女士以借款名义向王先生提供500万元，作为转让款的一部分，同时双方签署股权质押合同，王先生持有的全部股权质押在张女士名下，并在中登办理了股权质押手续。王先生近期辞去监事职务，按公司法规定，其持有的全部股权需半年后方可解除限售。”

无论是股权锁定，还是股权限售，这些条款都不是绝对的。只要创始人与投资者协商沟通，征得投资者的同意，就能够转让股权。股权锁定条款是合理的，几乎所有的投资者都会要求这一条款，所以创业者要做好准备。

13.2.2 为什么对赌条款不能签

关于对赌协议，真格基金联合创始人王强给了创业者一个忠告：“我呼吁，一个创业者，尤其是起步时期的创业者，千万不要签署对赌协议。除非，你不热爱你所创立的事业。”

实际上，对赌就是泡沫，意味着公司必须要达到无法达到的目标，这是一件非常惨烈的事情。对于创业者来说，同意对赌就是失去了经营公司最本质的初心，心态毁于一旦，根本无法回头。

由此可见，对赌和对赌协议真的非常“可怕”，所以无论公司经营多么困难，都必须要坚决避免。那么具体应该怎么做呢？可以从以下三个方面着手，如图 13–1 所示。

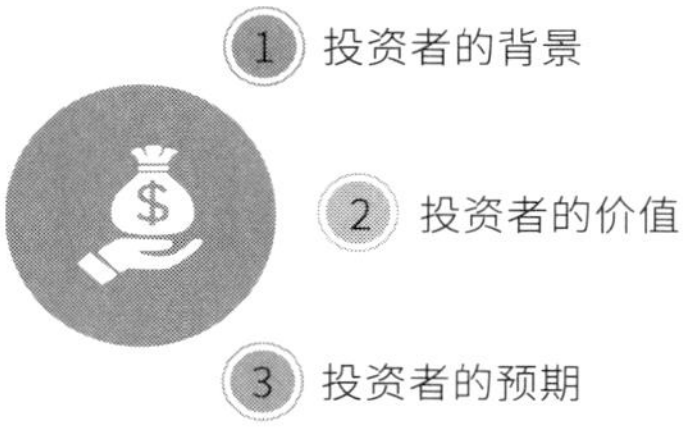

图 13–1 创业者避免对赌协议的三个方面

1. 投资者的背景

创业者在寻找投资者时，通常会忽略投资者的背景，他们认为只要投资者能够给项目投资就行，其他的不重要。可是往往很多的创业者，因为没有事前调查清楚投资者的背景，以至于项目在进展过程中发生一系列问题，例如，投资者的资金不到位，投资者过多干预项目管理等。所以无论如何，创业者都应该对投资者的背景进行全面调查。

2. 投资者的价值

创业者在与投资者签署协议之前，要明确项目需要什么样的价值以及投资者是否能够为项目带来相应的价值。对刚起步的创业者而言，他们不仅需要志同道合的人才，还需要一些行业专家对市场的分析建议。而且在市场方面，投资者也会有很多资源，他们可以在创业者遇到困难时帮助其走出困境。

3. 投资者的预期

很多创业者遇到投资者时，唯一的想法就是赶紧搞定投资，尽快拿到资金。然而，一些拥有超高预期的投资者也会加入项目中，等到发生利益冲突的时候，这种投资者会为了自己的利益而做些对项目不利的事情，这时创业者就后悔莫及了。

创业者应当明白，拿利润当唯一标准去衡量一切的投资者很容易犯下急功近利的错误，这样的投资者很容易将一个项目搞砸，甚至会为了利益而不顾公司的长远发展。

13.2.3 投资者要求创始人进行私人财产担保

最近，某公司创始人张某因为融资合同问题而感到非常苦恼，具体情况是这样的：张某获得了 8000 万美元的投资，但投资者要求在融资合同中加入财产担保条款，即创始人及其直系家庭成员以个人名义和财产为此次融资做担保。张某不知道这样的条款合不合理，所以一直没有签署融资合同，投资者的资金也就迟迟没有到账。

实际上，对于张某这样的早期创业者来说，财产担保条款是一个大坑，一不小心就会掉下去。因为公司刚刚创立的时候，风险非常大，一旦经营不善，投资者的资金就打了水漂，但如果有财产担保条款，投资者可以向创始人索要赔偿，以弥补自己的损失。

不过，公司倒闭后，所有的辛苦和努力都化为泡影，如果再加上投资者那边的债务，创始人很可能吃不消。因此，对于财产担保条款，应该是能避免就避免，这才是理智而正确的行为。当然，并不是所有的投资者都会要求财产担保条款，但即使如此，创业者还是要提高警惕，不要让自己陷入不好的境地。

13.2.4 案例分析：股权融资事件判决

北京市海淀区人民法院（以下简称海淀法院）曾经对斐达公司（化名）与觅度公司（化名）的融资合同纠纷一案进行公开宣判，最终确认涉案融资合同真实有效。

某年1月，斐达公司与觅度公司签订《委托融资服务合同》，（以下简称合同）觅度公司委托斐达公司在其运营的平台上融资100万元（觅度公司拿出40万元，其他融资60万元），用于开设分公司，扩展市场规模。

合同签订后，觅度公司按照规定向斐达公司支付40万元，并进行了项目选址、核对条款等工作，斐达公司也在规定期限内成功筹集到100万元的资金。但斐达公司认为觅度公司提供的房屋是楼房而非规定的平房，而且没有拿出产权证，所以拒绝承认合同，也不愿拿出已经筹集的100万元。双方对此产生分歧，多次协商未果。

后来，斐达公司收到觅度公司的合同解除通知书，要求其返还觅度公司已经支付的40万元并赔偿损失5万元。同时，斐达公司也向觅度公司发送合同解除通知书，要求其支付违约金4万元并赔偿损失10万元。

为了解决双方之间的矛盾，海淀法院公开审理了此案，结果是，该案所涉交易不属于“公开发行证券”，未违反《中华人民共和国证券法》第十条的规定，合同真实有效。双方当事人之间主要是居间合同关系，斐达公司解除合同具有相应依据，觅度公司应该就合同的不能履行承担主要责任。因此，觅度公司应该支付斐达公司违约金4万元以及损失10万元。

本案的判决书中评述了一些众筹行业中应该注意的问题，对众筹行业的发展有着指导性的意义。本案争议的焦点有两个：一是合同主体之间的法律关系应该如何界定；二是双方当事人是否存在违约行为，若存在，应承担何种违约责任。

针对第一项争议，由于委托融资只是双方当事人整体交易中的一部分，除了筹集资金等服务，斐达公司还提供了信息审核、风险防控、交易过程监督等服务，所以，服务的核心是促成交易。因此，双方当事人之间的法律关系主要系居间合同关系。

针对第二项争议，本案合同不能继续履行的原因是交易各方对融资项目中经营用房的样态等问题产生了分歧。觅度公司在明确承诺其提供的重要信息真实、准确、完整的情况下，被斐达公司发现信息披露不实，因此，导致交易各方失去对彼此的信任。所以，斐达公司依据《融资协议》第 7.1 条解除合同，具有相应依据。

在对本案合同履行的全部过程梳理后，法院认为觅度公司应该就合同的不能履行承担更大的责任，因此，判觅度公司向斐达公司支付违约金以及损失。